鲁迅于上海

上海鲁迅纪念馆藏文物提要选

上海鲁迅纪念馆 编

上海辞书出版社

精品一束

《鲁迅全集》1938年版纪念乙种本

类　别：书籍
出版者：鲁迅全集出版社
版　次：1938年8月初版
材　质：纸质
装　帧：精装
尺　寸：190×135
数　量：1套20本
等　级：一级文物

　　由鲁迅先生纪念委员会编辑、出版的《鲁迅全集》纪念本分为甲、乙两种。乙种本为纸套精装，楠木书箱，箱盖正面刻有蔡元培题"鲁迅全集纪念本"字样。共编号出版200部，图为许广平所藏的纪念乙种本第1部，编号001。

《现代版画》（第九集）

类　　别：期刊
出版者：现代创作版画研究会
版　　次：1935 年 5 月 15 日出版
材　　质：纸质
装　　帧：平装
尺　　寸：231×205
等　　级：二级文物

　　现代创作版画研究会编。本集为"藏书票特辑"，手拓本，收现代创作版画研究会会员作品 20 幅（含日本木刻家料治朝鸣作品 1 幅），《我们的话》（李桦）1 篇。

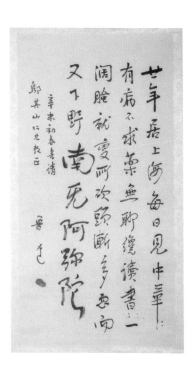

书赠邬其山五言诗轴

类　别：诗稿
时　间：1931年初春
材　质：纸质
尺　寸：659×340
数　量：1幅
等　级：一级文物

　　书赠邬其山（内山完造），"邬其"即日语"内"的音译。按朱泥手印。收入人民文学出版社1981年版《鲁迅文集》第8卷《集外集拾遗》，题《赠邬其山》。1947年内山完造离沪回日本时，将此诗轴交内山书店店员王宝良保存。1951年王宝良写信征得内山完造同意后，将诗轴捐赠上海鲁迅纪念馆。

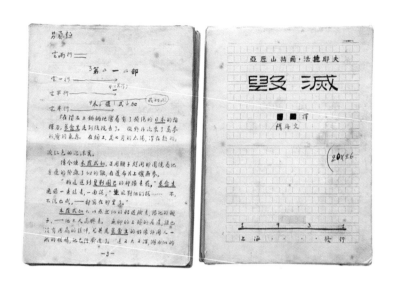

鲁迅译稿《毁灭》

类　　别：文稿
时　　间：1931 年 5 月
材　　质：纸质
装　　帧：未装订
尺　　寸：272×197
页　　数：359 页
等　　级：一级文物

　　译文手稿，写于"OS 原稿用纸"上，含鲁迅设计封面 1 页。《毁灭》，苏联法捷耶夫作品，鲁迅译本由上海大江书铺 1931 年初版。《鲁迅日记》1931 年 5 月 13 日记："夜重复整理译本《毁灭》讫。"

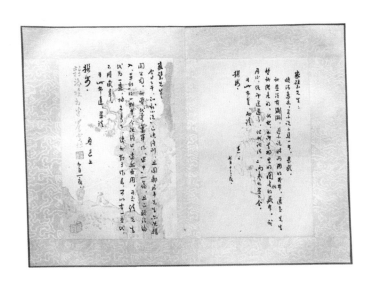

鲁迅致赵家璧信

类　　别：书信
时　　间：1933 年 1 月 8 日—1936 年 10 月 12 日
材　　质：纸质
尺　　寸：332×228
数　　量：册页 1 本
等　　级：一级文物

　　漆木匣装，计 45 通。除写于 1936 年 7 月 7 日、7 月 15 日的两封信，因鲁迅病重口述而由许广平代笔外，其余均为鲁迅亲笔。赵家璧时为良友图书印刷公司编辑。

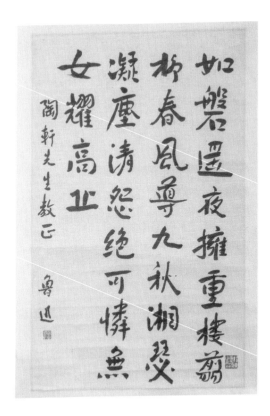

《悼丁君》诗轴

类　别：诗稿
时　间：1933 年 6 月 28 日
材　质：纸质
尺　寸：656×400
数　量：1 幅
等　级：二级文物

　　书赠陶轩，钤"鲁迅"白文方印。右下角钤"胶东曹漫之印"
白文收藏印。《鲁迅日记》1933 年 6 月 28 日记："又为陶轩书
一幅云：'如磐遥夜拥重楼……'。"1933 年，丁玲被国民党当
局秘密逮捕，后谣传她已被害，鲁作此诗。诗作初刊 1933 年
9 月 30 日《涛声》周刊第 2 卷第 38 期。

瞿秋白致鲁迅信

类　别：书信
时　间：1932 年 10 月 6 日
材　质：纸质
尺　寸：275×216
数　量：6 页
等　级：一级文物

　　瞿秋白在信中探讨了有关整理中国文学史的方法问题。落款系瞿秋白笔名"史铁儿"的俄文缩写。

冯雪峰草拟的鲁迅治丧委员会名单

类　别：名单
时　间：1936 年 10 月 20 日
材　质：纸质
尺　寸：238×154
数　量：1 页
等　级：一级文物

　　鲁迅逝世后，宋庆龄、蔡元培、冯雪峰等商议组织治丧委员会，名单所列共 13 人：蔡元培、马相伯、宋庆龄、毛泽东、内山完造、史沫特莱、沈钧儒、茅盾、萧三等。这份名单由冯雪峰起草。

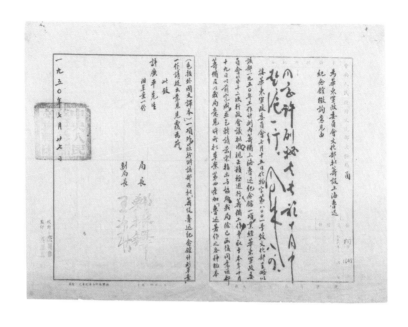

周恩来批示许广平赴沪筹设鲁迅纪念馆的文物局公函

类　别：公函
时　间：1950 年 8 月 4 日
材　质：纸质
尺　寸：185×190
数　量：1 页
等　级：一级文物

　　在鲁迅逝世 14 周年前夕，华东军政委员会文化部文物处同意筹备设立上海鲁迅纪念馆，并征询政务院副秘书长许广平的意见。1950 年 8 月 4 日，政务院总理周恩来在函件上批示同意许广平赴沪指导建馆。

海婴生后十六日像

类　别：油画
时　间：1929 年 10 月
材　质：布面（连框）
尺　寸：480×396
数　量：1 幅
等　级：三级文物

　　日本画家秋田义一作，画面为周海婴像，右侧手书："海婴生后十六日像"，左下为画者署名"秋义"。《鲁迅日记》1929 年 10 月 12 日记："午后秋田义一来为海婴画象，假以泉十五。"

《列宁墓》明信片

类　别: 邮品
时　间: 1932 年
材　质: 纸质
尺　寸: 105×149
数　量: 1 枚
等　级: 二级文物

　　苏联革命博物馆发行。为列宁墓套色版画，A.I.克拉夫琴科作。

鲁迅名印"鲁迅"

类　别：印章
时　间：20 世纪 30 年代
材　质：红玛瑙材质（附盒）
尺　寸：45×14
数　量：1 枚
等　级：一级文物

　　圆形，阳文印。李秉中刻。配长方形盒及圆形印泥，边款为"李秉中持赠"。《鲁迅日记》1932 年 6 月 29 日记："秉中遣人持赠名印一方。"曾钤于赠内山美喜子《所闻》稿等。

牛若丸

类　别: 竹雕
时　间: 1930 年
材　质: 竹质
尺　寸: 71×31×179
数　量: 1 枚
等　级: 三级文物

　　主体为半片竹，正面镂雕并彩绘牛若丸像。背面有鲁迅题字："牛若丸　日本别府温泉场所出　一九三〇年十月十一日得于上海　迅记。"牛若丸即源义经（1159—1189），日本平安时代的传奇英雄。

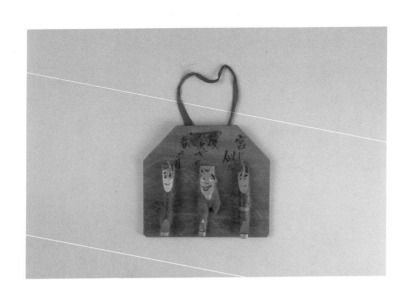

树枝怪人三个连板（木制吓鸦板）

类　别：玩具
时　间：1931 年
材　质：木质
尺　寸：91×11×78
数　量：1 枚
等　级：三级文物

　　山本初枝赠，日本热海的吓鸦板式样玩具。原型为驱鸟
道具，风吹动树枝撞击木板，可发声响。《鲁迅日记》1931 年
11 月 30 日记："山本夫人赠热海所出玩具鸣子（吓鸦板）一枚。"

博多人形

类　别：雕塑
时　间：1932 年
材　质：石膏
尺　寸：125×115×293
数　量：1 尊
等　级：三级文物

　　《鲁迅日记》1932 年 9 月 13 日记："镰田诚一君自福冈回
上海，见赠博多人形一枚。"系藤娘人偶，博多松叶屋人形店制。

小铁车

类　别：玩具
时　间：1932 年
材　质：铁质
尺　寸：320×140×90
数　量：1 组
等　级：三级文物

　　英国麦卡诺（Meccano）公司产品，拼装玩具。1932 年
12 月 9 日瞿秋白夫妇赠，鲁迅在日记中记为"积铁成象"。原
为整套，此组为其部分零件。

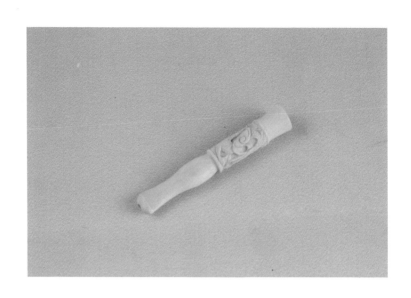

雕龙象牙烟嘴

类　别：烟具
时　间：20 世纪 20 年代
材　质：象牙质地
尺　寸：68×11
数　量：1 枚
等　级：三级文物

　　牙雕，有龙纹饰。许广平回忆："广州随处都有象牙制品，差不多两寸左右长的一小段烟嘴，套在香烟上，是很便当的，我买到了送给他，从此就一直在吸烟的时候套上象牙烟嘴。"

美国康克令（Conklin）牌金笔

类　别：文房用具
时　间：1933 年
材　质：胶木、金属
尺　寸：129×17
数　量：1 支
等　级：三级文物

　　美国康克令公司生产，胶木笔杆、镀金钢夹，铱金笔头。《鲁迅日记》1933 年 9 月 22 日记："是日旧历八月三日，为我五十三岁生日，广平治肴数种，约雪方夫妇及其孩子午餐，雪方见赠万年笔一枝。""雪方"即冯雪峰，"万年笔"为日语自来水笔名称。

1936 年日历

类　别：生活用品
时　间：1935 年
材　质：纸质
尺　寸：105×65、155×370
数　量：1 本
等　级：一级文物

　　由日历牌和日历本组成。日历牌由上海生生美术公司印制，印有上海华成烟草公司生产的美丽牌香烟广告。上半部为广告语"请吸美丽牌香烟"，中部为风景画，底部为日历本。日历本两侧印有"有美皆备""知丽不臻"。此为 1936 年 10 月 19 日鲁迅逝世当日挂于卧室原物。

银酒杯

类　别：酒具
时　间：20 世纪 30 年代
材　质：银质，附木盒
尺　寸：直径 44×75
数　量：1 对
等　级：二级文物

　　内山完造赠。杯底有"大学眼药老铺恭赠"的刻字，外有贮杯木盒，盒盖正面有两隶书金字："恭赠"。盒盖反面有行书墨迹："第壹回，万华镜赏，大阪尚美堂宝饰店制"，并"尚美堂"印一方。

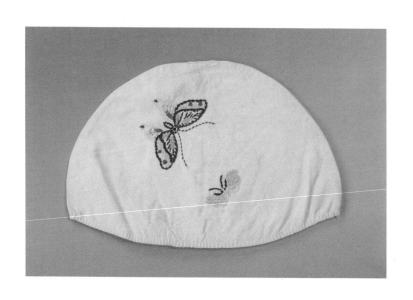

彩色绣花壶套

类　别：织绣
时　间：20 世纪 30 年代
材　质：棉质
尺　寸：295×187
数　量：1 件
等　级：二级文物

许广平手制。白棉布, 双面有手绣纹饰。鲁迅有饮茶习惯,
为避免茶壶水快速冷却, 许广平手制此茶壶套以保温。

金鱼壁瓶

类　　别：瓷器
时　　间：20 世纪 30 年代
材　　质：瓷质
尺　　寸：200×100×80
数　　量：1 件
等　　级：三级文物

　　彩瓷，金鱼造型，从头部到尾部施自然渐变粉红彩与酱黄彩，口部与腹部连通中空，底部平整，接近顶端有一圆形小孔，便于悬挂于墙。

青釉花瓶

类　别：瓷器
时　间：20世纪30年代
材　质：瓷质
尺　寸：125×120×190
等　级：三级文物

　　双耳尊样式，双耳为写意兽形辅首。青瓷釉色，口沿缺口处可见胎质较白，底部圈足外沿呈深灰色。

九斗实木单人书桌

类　别：家具
时　间：20 世纪 30 年代
材　质：木质
尺　寸：1345×717×791
数　量：1 张
等　级：三级文物

　　鲁迅用，可拆分为 3 部分：上部为桌面连 3 个抽斗，中间为 1 个带有两个木把手的长抽斗，两边是各带有 1 个木把手的小抽斗，都分别配有圆形小锁。下部分为左右两部分，箱型，各有 4 个桌脚，并带 3 个小抽斗。桌面铺印花油漆桌布。

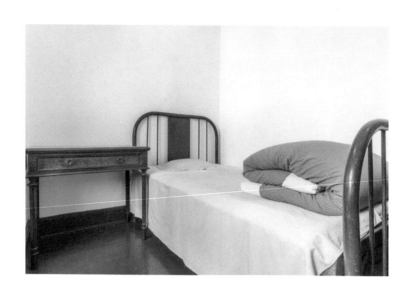

铁床架

类　别：家具
时　间：20 世纪 30 年代
材　质：铁质
尺　寸：1990×1070×1058
数　量：1 件
等　级：三级文物

　　铁质简约架子床，床档及床板可拆卸。为大陆新村 9 号 3 楼客房用床。据许广平回忆，瞿秋白、冯雪峰等避居鲁迅家时即睡此床。

CYMA NO.4 挂表

类　别：钟表
时　间：20 世纪 30 年代
材　质：钢质
尺　寸：55×40×10
数　量：1 件
等　级：二级文物

　　怀表，瑞士"CYMA"（西马）制表公司生产。圆形，表盖及后盖黄铜。表面采用罗马数字标示时刻，设有小秒表，表盘上方印品牌标志，其下小字印标号"No.4"。无分针与面壳。

老花眼镜

类　别：生活用品
时　间：20 世纪 30 年代
材　质：玻璃、玳瑁
尺　寸：128×45
数　量：1 副（连镜壳）
等　级：一级文物

　　褐纹玳瑁边光学玻璃老花眼镜。《鲁迅日记》1933 年 8 月
23 日记："下午森本清八君赠眼镜一具。"所赠即此件。

医用"吸入器"

类　别：医疗器械
时　间：20 世纪 30 年代
材　质：玻璃、钢、木
尺　寸：230×91×212
数　量：1 件（套）
等　级：三级文物

　　药液加热喷雾装置。《鲁迅日记》1929 年 10 月 18 日记：
"下午赴街买吸入器及杂药品。"吸入器即治疗支气管炎症、哮
喘症等所用之物。据周海婴回忆，吸入器的使用是"父亲为我
常用的一种方法，我且称之为蒸气吸入法"。

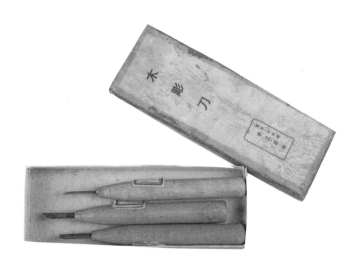

木雕刀

类　别：工具
时　间：20世纪30年代
材　质：铁质（木柄）
尺　寸：16×16×150（三把尺寸同）
数　量：1组（附纸盒）
等　级：二级文物

　　鲁迅藏。一组三把，为半圆、平、尖头各1把。纸匣装，匣面"木雕刀东京·日本桥手工屋制"。鲁迅托内山书店购得。

鲁迅像

类　别：照片
时　间：1933 年 5 月 26 日
材　质：纸质
尺　寸：138×96
数　量：1 张
等　级：一级文物

　　鲁迅由姚克陪同，往南京路雪怀照相馆所摄。原拟用于斯诺、姚克合译的英文本《鲁迅短篇小说集》。初刊于 1935 年 1 月号美国《亚细亚》杂志，与《鲁迅评传》一起刊出。后又刊于 1936 年伦敦哈拉普书局初版《活的中国——现代中国短篇小说选》扉页。

目录

凡例

　　1.本书所介绍文物皆为上海鲁迅纪念馆馆藏文物，文物产生时间也基本限于1927年10月以后。

　　2.文物品名除特殊情况外，一般循用报国家文物局文物账册中所用名。

　　3.基本数据按品名、类别、制作者（或出版者）、时间（或版次）、材质、装帧、尺寸［长×宽×高（单位：毫米）］、数量（或页数）、文物等级为序。书籍页数为正文页数（原书未注明页数者除外）。本书所选文物主要以年代排序，艺术品以类别排序。

　　4.附录收与鲁迅相关全国文物保护单位、上海市文物保护单位及上海市建筑保护单位，以作补充。

　　5.附录鲁迅在上海的年谱（1927—1936），以便读者对所涉文物背景有概要了解。

鲁迅著作

《三闲集》

类　别：书籍
出版者：上海北新书局
版　次：1932 年 9 月初版
材　质：纸质
装　帧：平装
尺　寸：192×128
页　数：210 页
等　级：二级文物

　　书中收录鲁迅 1927 年至 1929 年间所作 35 篇杂文，并《序言》一篇。鲁迅在《序言》中说："成仿吾以无产阶级之名，指为'有闲'，而且'有闲'还至于有三个，却是至今还不能完全忘却的……编成而名之曰《三闲集》，尚以射仿吾也。"封面书名由鲁迅自题。

《二心集》

类　别：书籍
出版者：上海合众书店
版　次：1932 年 10 月初版
材　质：纸质
装　帧：平装
尺　寸：187×131
页　数：304 页
等　级：二级文物

　　鲁迅于 1932 年 4 月 30 日编讫并作《序言》，编入鲁迅 1930 年至 1931 年间所作杂文 37 篇，末附《现代电影与有产阶级》译文一篇。针对"文坛贰臣"的攻击，鲁迅仿《三闲集》之例，为本集取名《二心集》，封面书名由鲁迅自题。

《鲁迅自选集》

类　别：书籍
出版者：上海天马书店
版　次：1933 年 3 月初版
材　质：纸质
装　帧：平装
尺　寸：185×130
页　数：331 页
等　级：二级文物

　　本书所选的 22 篇作品, 出自《呐喊》《彷徨》《朝花夕拾》《野草》《故事新编》等 5 种作品专集。鲁迅自序, 扉页印有鲁迅像及手迹各一。陈之佛装帧, 封面书名由鲁迅自题。

《鲁迅杂感选集》

类　别：书籍
出版者：青光书局
版　次：1933 年 7 月初版
材　质：纸质
装　帧：平装
尺　寸：222×163
页　数：259 页
等　级：二级文物

　　书中收录鲁迅 1918 年至 1932 年所作杂文 74 篇，卷首有瞿秋白作长序，以马列主义文艺理论对鲁迅的文学创作道路作了总结、分析和评价。上海北新书局以"青光书局"名义出版。鲁迅设计封面。

《伪自由书》

类　别: 书籍
出版者: 青光书局
版　次: 1933 年 10 月初版
材　质: 纸质
装　帧: 平装
尺　寸: 190×134
页　数: 218 页
等　级: 二级文物

　　书中收录鲁迅 1933 年 1 至 5 月间所作杂文 43 篇，大部分曾发表于《申报·自由谈》。鲁迅在本书《前记》中说："'自由'更当然不过是一句反话。"故定为集名。上海北新书局以"青光书局"名义出版。封面书名由鲁迅自题。

《南腔北调集》

类　别: 书籍
出版者: 上海同文书店
版　次: 1934 年 3 月初版
材　质: 纸质
装　帧: 平装
尺　寸: 188×140
页　数: 251 页
等　级: 二级文物

　　书中收录鲁迅 1932 年至 1933 年所作杂感、序文 51 篇。鲁迅在序中说，因有位文学家说鲁迅的演说用语是南腔北调，因之用为本集名，封面书名由鲁迅自题。

《准风月谈》

类　别：书籍
出版者：兴中书局
版　次：1934 年 12 月初版
材　质：纸质
装　帧：平装
尺　寸：199×143
页　数：209 页
等　级：二级文物

　　鲁迅 1934 年 3 月 10 日编成并作《前记》，同年 10 月 16 日校讫并作《后记》。书中收录鲁迅 1933 年 6 月至 11 月间所作杂文 64 篇，多初刊于《申报·自由谈》。因《自由谈》编者于 1933 年 5 月 25 日被迫刊出"吁请海内文豪，从兹多谈风月"的启事，因之用为本集名。上海联华书局以"兴中书局"名义出版。封面书名由鲁迅自题。

《集外集》

类　别：书籍
出版者：上海群众图书公司
版　次：1935 年 5 月初版
材　质：纸质
装　帧：平装
尺　寸：187×131
页　数：166 页
等　级：二级文物

　　书中收录鲁迅 1933 年前出版的文集中未收录的，1903 年至 1933 年间所作杂文 26 篇，及新体诗、旧体诗 20 首。由杨霁云搜集和编辑，鲁迅校订、作序。本书出版前曾遭有关当局审查，删去了《革命文学与遵命文学》等篇目。封面书名由鲁迅自题。

《故事新编》

类　别：书籍
出版者：上海文化生活出版社
版　次：1936年1月初版
材　质：纸质
装　帧：精装
尺　寸：174×137
页　数：177页
等　级：二级文物

　　为上海文化生活出版社所编"文学丛刊"之一，书中收录鲁迅1922年至1935年间所作小说8篇。鲁迅于1935年12月底编成并作序。

《花边文学》

类　别：书籍
出版者：上海联华书局
版　次：1936 年 6 月初版
材　质：纸质
装　帧：平装
尺　寸：187×132
页　数：137 页
等　级：二级文物

　　鲁迅 1935 年 12 月 29 日编定并作《序言》，书中收录鲁迅 1934 年 1 月至 11 月间所作杂文 61 篇。因有人讥讽鲁迅在报刊上发"花边文"，鲁迅用之为本集名并设计封面。

《狂人日记》拉丁新文字版

类　别：书籍
出版者：上海新文字书店
版　次：1936 年 6 月初版
材　质：纸质
装　帧：平装
尺　寸：172×96
页　数：24 页
等　级：三级文物

　　鲁迅原著，陈梅改写、注音。封面用拉丁化新文字印"新文字丛书，王弦编辑"，书名"一个疯子的日记"并以括号说明"短篇小说"。书后印有"新文字丛书"介绍及广告。

WEI ZIU SHU

集四不三不

鲁迅

《不三不四集》

类　别：书籍
出版者：上海联华书局
版　次：1936 年 11 月初版
材　质：纸质
装　帧：平装
尺　寸：190×130
页　数：190 页
等　级：二级文物

　　本书系《伪自由书》的重排本, 1936 年联华书局改名为《不三不四集》再版，鲁迅设计封面，横题"不三不四集"，其上有红底白文拉丁化拼音的"伪自由书"。这是鲁迅第 7 本杂文集，收录 1933 年 1 月至 5 月间所作杂文 43 篇, 多初刊于《申报·自由谈》。

《且介亭杂文》

类　别：书籍
出版者：上海三闲书屋
版　次：1937 年 7 月初版
材　质：纸质
装　帧：平装
尺　寸：186×133
页　数：273 页
等　级：二级文物

　　鲁迅 1935 年 12 月 30 日编讫并作《序言》和《附记》。书中收录 1934 年所作杂文 37 篇。除《序言》《附记》及《〈草鞋脚〉小引》等几篇外，大部分初刊于《中华日报·动向》《申报·自由谈》等报刊。鲁迅以居住在租界边缘"半租界"之故，以租界两字之半命名本集。封面书名由鲁迅自题。

《且介亭杂文二集》

类　别：书籍
出版者：上海三闲书屋
版　次：1937 年 7 月初版
材　质：纸质
装　帧：平装
尺　寸：185×132
页　数：320 页
等　级：二级文物

　　书中收录鲁迅 1935 年所作杂文 48 篇（目录列 49 篇，《"题未定"草（四）》存目，注明"不发表"），《序言》和《后记》中，作者对有关当局进行文化压制和围剿表达了强烈的不满，说自己写作杂文是"带着枷锁的跳舞"。封面书名由鲁迅自题。

《且介亭杂文末编》

类　别：书籍
出版者：上海三闲书屋
版　次：1937 年 7 月初版
材　质：纸质
装　帧：平装
尺　寸：186×133
页　数：226 页
等　级：二级文物

　　由许广平编定，本书分正集和附集两编，收录鲁迅 1936 年所作杂文 35 篇，其中《答托洛斯基派的信》《论现在我们的文学运动》等文，表达了鲁迅对于国际反法西斯战线、中国抗日统一战线、中国左翼文艺运动及文艺界"两个口号"论争等重大问题的意见。封面书名由鲁迅自题。

鲁迅翻译作品

《近代美术史潮论》

类　　别：书籍
出版者：上海北新书局
版　　次：1929 年初版
材　　质：纸质
装　　帧：平装
尺　　寸：207×151
页　　数：201 页
等　　级：二级文物

　　日本板垣鹰穗著，附插图 140 幅。鲁迅于 1927 年 12 月底至 1928 年 2 月 11 日译出，首刊《北新》半月刊。该书简明概述了法国大革命后至 20 世纪初这 100 余年间的欧洲美术史。鲁迅阐明译此作目的是："在新艺术毫无根柢的国度里，零星的介绍，是毫无益处的，最好是有一些统系。"

《现代新兴文学的诸问题》

类　别：书籍
出版者：上海大江书铺
版　次：1929 年 4 月初版
材　质：纸质
装　帧：平装
尺　寸：164×116
页　数：91 页
等　级：二级文物

　　"文艺理论小丛书"之一，日本学者片上伸文学论集，原题为《无产阶级文学的诸问题》。鲁迅译并撰《小引》，认为该书解释现今新兴文学"诸问题的性质和方向，以及和时代的交涉等，有一点裨益"。

《壁下译丛》

类　别：书籍
出版者：上海北新书局
版　次：1929 年 4 月初版
材　质：纸质
装　帧：平装
尺　寸：201×141
页　数：324 页
等　级：二级文物

　　本书收录了片山孤村（片山正雄）、有岛武郎、厨川白村等 10 位日本文艺评论家及作家的文艺论说，是鲁迅在学习和研究无产阶级文学理论的过程中完成的一部译文集，前后跨时三四年，其中 17 篇最初发表于《语丝》《莽原》《小说月报》等刊物。封面书名由鲁迅自题。

《艺术论》

类　别：书籍
出版者：上海大江书铺
版　次：1929 年 6 月初版
材　质：纸质
装　帧：平装
尺　寸：190×130
页　数：199 页
等　级：二级文物

　　"艺术理论丛书"之一，苏联学者卢那察尔斯基艺术论集，鲁迅译。鲁迅在序中论该书："所论艺术与产业之合一，理性与感情之合一，真善美之合一，战斗之必要，现实底的理想之必要，执着现实之必要，甚至于以君主为贤于高蹈者，都是极为警辟的。"鲁迅设计封面。

《文艺与批评》

类　别：书籍
出版者：上海水沫书店
版　次：1929 年 10 月初版
材　质：纸质
装　帧：平装
尺　寸：200×139
页　数：267 页
等　级：二级文物

　　"科学的艺术论丛书"之一，苏联学者卢那察尔斯基论文及演说集。鲁迅于 1929 年 8 月 16 日编译讫，并作译者附记。

《艺术论》

类　别：书籍
出版者：上海光华书局
版　次：1930 年 7 月初版
材　质：纸质
装　帧：平装
尺　寸：201×140
页　数：212 页
等　级：二级文物

　　"科学的艺术论丛书"之一，俄国学者普列汉诺夫论文集。
鲁迅 1929 年 10 月 12 日译讫，并作译者附记。内收论文 4 篇。

《毁灭》

类　别：书籍
出版者：上海大江书铺
版　次：1931 年 9 月初版
材　质：纸质
装　帧：平装
尺　寸：194×132
页　数：271 页
等　级：二级文物

　　苏联作家法捷耶夫著，应上海大江书铺要求译者名改署"隋洛文"，仅收小说正文。该书是描写 1919 年一支苏俄红军游击队命运的革命长篇小说，鲁迅称其为"一部纪念碑的小说"。部分章节最初连载于《萌芽月刊》。

《十月》

类　别: 书籍
出版者: 上海神州国光社
版　次: 1933 年 2 月初版
材　质: 纸质
装　帧: 平装
尺　寸: 188×133
页　数: 204 页
等　级: 二级文物

　　"现代文艺丛刊"之一。苏联作家雅各武莱夫著，是最早
直接描写俄国十月革命的小说之一。鲁迅据日本井田孝平的译
本，于 1929 年初开始翻译，1930 年 8 月译毕。前 4 章的译
文最初刊于左翼刊物《大众文艺》月刊第 1 卷第 5、6 两期。

《死魂灵》

类　别：书籍
出版者：文化生活出版社
版　次：1935 年 11 月初版
材　质：纸质
装　帧：精装
尺　寸：196×150
页　数：425 页
等　级：二级文物

　　"译文丛书"之一。俄国作家果戈理著，描写了商人乞乞科夫买卖"死魂灵"（即死去的农奴）的故事，是 19 世纪俄国批判现实主义文学的奠基之作。鲁迅自德文版转译，译文最初连载于《世界文库》第 1 至第 6 册。本书收俄国 K. 勃罗日作插图 11 幅。

《苏联作家二十人集》

类　别：书籍
出版者：上海良友图书印刷公司
版　次：1936 年 7 月初版
材　质：纸质
装　帧：精装
尺　寸：190×133
页　数：611 页
等　级：二级文物

　　"良友文学丛书"特大本，为《竖琴》《一天的工作》两部译作的合集。《竖琴》，上海良友图书印刷公司 1933 年 1 月初版，收鲁迅等人所译苏联作家的小说 10 篇；《一天的工作》，上海良友图书印刷公司 1933 年 3 月初版，收鲁迅等人所译苏联短篇小说 11 篇。

鲁迅编辑作品

《唐宋传奇集》

类　别：书籍
等　级：二级文物

上册

出版者：上海北新书局
版　次：1927 年 12 月初版
材　质：纸质
装　帧：平装
尺　寸：195×138
页　数：214 页

下册

出版者：上海北新书局
版　次：1928 年初版
材　质：纸质
装　帧：平装
尺　寸：200×140
页　数：406 页

　　全书共 8 卷, 上册为 1—5 卷, 32 篇, 下册为 6—8 卷, 13 篇。
鲁迅作序并作《稗边小缀》, 陶元庆装帧设计。

《朝花》周刊第 1—20 期合订

类　别：期刊
出版者：朝花社
版　次：1928 年 12 月 6 日初版
材　质：纸质
装　帧：平装
尺　寸：280×217
页　数：160 页
等　级：二级文物

　　鲁迅、柔石等主编。1928 年 12 月 6 日在上海创刊，1929 年 5 月 16 日停刊，共出 20 期，此件为合订本。1928 年 11 月鲁迅、柔石、王方仁、崔真吾、许广平等成立朝花社，"于创作之外，并致力于绍介外国文艺，尤其是北欧，东欧的文学与版画"。后改为旬刊。鲁迅设计封面。

《近代木刻选集（1）》

类　别：书籍
出版者：朝花社
版　次：1929 年 1 月初版
材　质：纸质
装　帧：平装
尺　寸：260×195
等　级：二级文物

　　为"艺苑朝华"第 1 期第 1 辑，鲁迅作《小引》和《附记》，收外国木刻 12 幅，其中英国 6 幅，法国、美国各 2 幅，意大利和瑞典各 1 幅。鲁迅装帧设计。

《蕗谷虹儿画选》

类　别：书籍
出版者：朝花社
版　次：1929 年 1 月初版
材　质：纸质
装　帧：平装
尺　寸：260×195
等　级：二级文物

　　为"艺苑朝华"第 1 期第 2 辑，鲁迅作《小引》。蕗谷虹儿是日本画家和诗人，该书收作者画作 12 幅及诗 11 首（鲁迅译）。鲁迅装帧设计。

《近代木刻选集 (2)》

类　别：书籍
出版者：朝花社
版　次：1929 年 2 月初版
材　质：纸质
装　帧：平装
尺　寸：260×190
等　级：二级文物

　　为“艺苑朝华”第 1 期第 3 辑，鲁迅作《小引》和《附记》，收作品 12 幅，其中英国 6 幅，法国 2 幅，俄、美、德、日各 1 幅。鲁迅装帧设计。

《比亚兹莱画选》

类　别：书籍
出版者：朝花社
版　次：1929 年 4 月初版
材　质：纸质
装　帧：平装
尺　寸：257×190
等　级：二级文物

　　为“艺苑朝华”第 1 期第 4 辑，鲁迅撰《小引》，比亚兹莱系英国插图画家，该书收其作品 12 幅。鲁迅装帧设计。

《新俄画选》

类　别：书籍
出版者：朝花社
版　次：1930 年 5 月初版
材　质：纸质
装　帧：平装
尺　寸：274×193
等　级：二级文物

　　为"艺苑朝华"第 1 期第 5 辑，鲁迅撰《小引》，收苏联版画 13 幅（含扉页一幅）。作者有法复尔斯基、保里诺夫、古泼略诺夫以及克拉普兼珂等。鲁迅装帧设计。

《梅斐尔德木刻士敏土之图》

类　别：书籍
出版者：三闲书屋
版　次：1931 年 2 月初版
材　质：纸质
装　帧：线装
尺　寸：383×243
等　级：二级文物

　　德国梅斐尔德为苏联作家革拉特珂夫长篇小说《士敏土》（现译《水泥》）所作插图集，共 10 幅，鲁迅作序并自费影印。其木刻原作，由鲁迅托徐诗荃从德国购得。鲁迅装帧设计，中式线装，磁青纸封面，白笺书名。

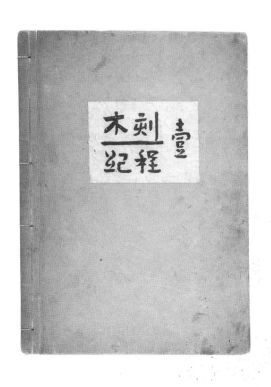

《木刻纪程·壹》

类　别：期刊
出版者：铁木艺术社
版　次：1934 年初版
材　质：纸质
装　帧：线装
尺　寸：312×235
等　级：一级文物

　　不定期。本刊收中国现代木刻作品 24 幅，作者有何白涛、李雾城（陈烟桥）、陈铁耕、一工（黄新波）、陈普之、张致平（张望）、刘岘、罗清桢等。鲁迅以铁木艺术社之名撰《告白》及序。据《鲁迅日记》载，该书于 1934 年 8 月 14 日编讫付印，鲁迅装帧设计，中式线装。

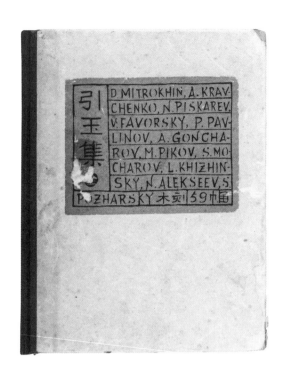

《引玉集》

类　别：书籍
出版者：三闲书屋
版　次：1935 年 4 月再版
材　质：纸质
装　帧：精装
尺　寸：193×153
页　数：67 页
等　级：二级文物

　　为苏联版画作品集，收苏联 11 位版画家 59 幅作品，据
作者手拓本翻印，初版为珂罗版。以瞿秋白（署名陈节）摘译
楷戈达耶夫所作《十五年来的书籍版画和单行本版画》为代序。
鲁迅作《后记》云：因为都是用白纸换来的，所以取"抛砖引
玉"之意，谓之《引玉集》。鲁迅装帧设计。

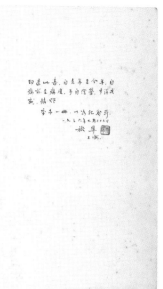

鲁迅编印、题赠季黻（许寿裳）的《凯绥·珂勒惠支版画选集》

类　别：书籍
出版者：三闲书屋
版　次：1936 年 7 月初版
材　质：纸质
装　帧：线装
尺　寸：444×300
等　级：一级文物

　　为德国凯绥·珂勒惠支版画作品集，收作品 21 幅。收茅盾译《凯绥·珂勒惠支——民众的艺术家》及鲁迅撰《凯绥·珂勒惠支版画选集序目》各一篇。本书扉页有鲁迅亲笔题赠手迹："印造此书，自去年至今年，自病前至病后，手自经营，才得成就，持赠季市一册，以为纪念耳 一九三六年七月二十七日 旅隼 上海。"鲁迅装帧设计，中式线装。

其他书刊

《奔流》第一卷第一期

类　别：期刊
出版者：上海北新书局
版　次：1928 年 6 月出版
材　质：纸质
装　帧：平装
尺　寸：212×158
页　数：196 页
等　级：二级文物

　　鲁迅、郁达夫主编，月刊。以介绍外国文学为主，主要撰稿人有鲁迅、郁达夫、柔石、白薇、杨骚等，出版至 1929 年 12 月 20 日第 2 卷第 5 期停刊。鲁迅装帧设计。

《萌芽月刊》第一卷第一号

类　别：期刊
出版者：光华书局
版　次：1930 年 1 月 1 日出版
材　质：纸质
装　帧：平装
尺　寸：207×152
页　数：221 页
等　级：二级文物

　　鲁迅、冯雪峰主编，月刊。"左联"机关刊物之一。该刊以介绍马克思主义文艺理论及苏联文艺作品为主，主要撰稿者有鲁迅、冯雪峰、柔石、魏金枝、张天翼、夏衍等。出版至第一卷第五号遭查禁。鲁迅设计封面。

《巴尔底山》第一卷第一号

类　别：期刊
出版者：上海巴尔底山社
版　次：1930 年 4 月 11 日出版
材　质：纸质
装　帧：平装
尺　寸：265×198
页　数：10 页
等　级：二级文物

李一氓编，旬刊。"左联"机关刊物之一，刊名为鲁迅所取并题写。"巴尔底山"是"Partisan"的译音，意为"游击队"。该刊撰稿人有鲁迅、冯雪峰、李一氓、白莽、柔石等，出版至 1930 年 5 月第 5 期遭禁。鲁迅题刊头。

《北斗》创刊号

类　别：期刊
出版者：湖风书局
版　次：1931 年 9 月 20 日出版
材　质：纸质
装　帧：平装
尺　寸：260×190
页　数：126 页
等　级：二级文物

丁玲主编，月刊。"左联"机关刊物之一。主要撰稿人有鲁迅、瞿秋白、周起应、夏衍、田汉、郑振铎等。共出版 8 期，1932 年 7 月遭禁。鲁迅挑选珂勒惠支的版画《牺牲》作为创刊号插图并撰说明。

《前哨·文学导报》合订本

类　别：期刊
版　次：1931 年合订本
材　质：纸质
装　帧：平装
尺　寸：277×200
页　数：146 页
等　级：一级文物

　　前哨编委会编，月刊。为抗议并纪念柔石等"左联"5 位作家遇害，"左联"拟出版机关杂志，鲁迅建议刊物名为《前哨》，并与冯雪峰负责编辑第 1 卷第 1 期《前哨·纪念战死者专号》。1931 年 4 月 20 日编定，在 5—6 月印出。自第 2 期起更名为《文学导报》。鲁迅题写刊名。

《文学导报》第一卷六、七期合刊

类　别：期刊
出版者：文学导报社
版　次：1931 年 10 月 23 日出版
材　质：纸质
装　帧：平装
尺　寸：270×200
页　数：32 页
等　级：二级文物

　　前哨编委会编，月刊。原刊名《前哨》，月刊，"左联"机关刊物之一，第 2 期起改为现名，出版至第 8 期被禁。本期刊出《告无产阶级革命作家及一切爱好文艺的青年》公开信，还刊登了鲁迅、茅盾、冯雪峰等人文章以及"左联"的《秘书处通告》。

《铁流》

类　别：书籍
出版者：三闲书屋
版　次：1931 年 11 月初版
材　质：纸质
装　帧：平装
尺　寸：237×160
页　数：310 页
等　级：二级文物

　　苏联 A. 绥拉菲摩维支著，曹靖华译，神州国光社"现代文艺丛书"之一。该书是以十月革命后的苏联内战为题材的长篇小说。由鲁迅编校，瞿秋白译序言。鲁迅作《〈铁流〉编校后记》，称本书是"尽三人的微力而成"。鲁迅选定封面用图。

《东洋人出兵》

类　别：书籍
版　次：1931 年初版
材　质：纸质
装　帧：线装
尺　寸：128×95
页　数：20 页
等　级：二级文物

　　瞿秋白（署名史铁儿）编撰，时事唱本。1931 年九一八事变爆发后，瞿秋白编写唱本《东洋人出兵》宣传抗日，发表于"左联"刊物《文学导报》1931 年 9 月 28 日第 1 卷第 5 期，分上海话、北方话两种方言文本。此为上海话版的单行本。

《十字街头》半月刊 1—3 期

类　别：期刊
版　次：1931—1932 年
材　质：纸质
装　帧：平装
尺　寸：390×270
页　数：12 页
等　级：二级文物

　　鲁迅主编，半月刊，"左联"机关刊物之一。1931 年 12 月 11 日创刊于上海，1932 年 1 月 5 日遭禁，共出 3 期。鲁迅是主要作者，并题写刊头。

《秘书处消息》第一期

类　别：期刊
出版者："左联"秘书处
版　次：1932 年 3 月 15 日出版
材　质：纸质
装　帧：线装
尺　寸：198×150
页　数：38 页
等　级：一级文物

　　中国左翼作家联盟机关刊物，秘书处编辑，油印。为"左联"内部交流、指导工作，收《关于左联目前具体工作的决议》等文件。此为鲁迅藏本。

《译文》第1卷第1期

类　别：期刊
出版者：上海生活书店
版　次：1934 年 9 月 16 日出版
材　质：纸质
装　帧：平装
尺　寸：221×152
页　数：115 页
等　级：二级文物

　　鲁迅、茅盾、黎烈文共同策划筹备，月刊，第 1 卷第 1
至 3 期由鲁迅编辑。该刊以现实主义文学艺术为主，介绍俄、
英、法、德、日、美等国的优秀小说、戏剧、诗歌、论文、随
笔，以及外国绘画、木刻等。

《太白》创刊号

类　别：期刊
出版者：上海生活书店
版　次：1934 年 9 月 20 日出版
材　质：纸质
装　帧：平装
尺　寸：260×190
页　数：76 页
等　级：二级文物

　　陈望道主编，半月刊。1934 年 9 月 20 日创刊，1935 年 9 月 5 日停刊，共出 2 卷 24 期。刊名由陈望道与鲁迅商定。"太白"即"白而又白"，比白话更白之意，旨在纠正、改革脱离大众语言的"白话"，使文学语言接近民众，且书写方便，易于识别和普及。鲁迅是该刊主要作者之一。

"良友文学丛书"

类　别：书籍
出版者：上海良友图书印刷公司
版　次：1933—1937年出版
材　质：纸质
装　帧：精装
尺　寸：约178×130
等　级：三级文物

　　赵家璧编，该丛书收鲁迅、巴金、老舍、丁玲、郑振铎、徐志摩等28位作家著译之小说、散文、论著等共计39种，其中包括鲁迅编译的苏联作家短篇小说集《竖琴》《一天的工作》，巴金小说《雾》《雨》《电》，老舍小说《离婚》《赶集》，丁玲小说《母亲》等。

"中国新文学大系"丛书

类　别：书籍
出版者：上海良友图书印刷公司
版　次：1934 年初版
材　质：纸质
装　帧：精装
尺　寸：224×151
等　级：三级文物

　　赵家璧主编。为鲁迅、茅盾等编选的中国新文学运动第一个 10 年（1917—1927）理论和作品的选集，共 10 集，由蔡元培撰总序。分集编辑者为：胡适编第 1 集《建设理论集》；郑振铎编第 2 集《文学论争集》；茅盾编第 3 集《小说一集》，鲁迅编第 4 集《小说二集》；郑伯奇编第 5 集《小说三集》；周作人编第 6 集《散文一集》；郁达夫编第 7 集《散文二集》；朱自清编第 8 集《诗集》；洪深编第 9 集《戏剧集》；阿英编第 10 集《史料·索引》。编者各撰有序言。

《木刻集》手拓本

类　别：书籍
出版者：无名木刻社
版　次：1934 年初版
材　质：纸质
装　帧：平装
尺　寸：375×242
等　级：一级文物

　　即刘岘、黄新波等组成的无名木刻社的作品集《无名木刻集》，内收木刻作品 7 幅，原版手拓。所收鲁迅序文为刘岘据鲁迅手迹翻刻。

《木刻画选集》手拓稿本

类　别：书籍
出版者：MK 木刻研究会
版　次：1934 年初版
材　质：纸质
装　帧：平装
尺　寸：251×175
等　级：一级文物

　　收 MK 木刻研究会成员木刻作品 16 幅。该会 1932 年 9 月成立于上海，名称是"木刻"两个字的拉丁拼音首字母，主要成员为周金海、张望、陈普之、金逢孙等，曾举办木刻展览 4 次。

《生死场》

类　别：书籍
出版者：奴隶社
版　次：1935 年 12 月初版
材　质：纸质
装　帧：平装
尺　寸：196×140
页　数：210 页
等　级：二级文物

　　萧红著。"奴隶丛书"之一，中篇小说，描写东北沦陷区农村情形。鲁迅在序中评价："叙事和写景，胜于人物的描写，然而北方人民的对于生的坚强，对于死的挣扎，却往往已经力透纸背。"

《现代版画》（第一集）

类　别：期刊
出版者：现代创作版画研究会
版　次：1934 年 12 月 17 日出版
材　质：纸质
装　帧：平装
尺　寸：263×192
等　级：二级文物

　　现代创作版画研究会编，半月刊（第 10 集起改为月刊）。本集为"第一回半年展专号"，收李桦等现代创作版画研究会会员作品 42 幅，《卷首话》1 篇，手拓本。封面有"给豫才先生纪念　李桦　廿三、十二、十七"手迹。

《现代版画》（第二集）

类　别：期刊
出版者：现代创作版画研究会
版　次：1935 年 2 月 1 日出版
材　质：纸质
装　帧：平装
尺　寸：257×191
等　级：二级文物

　　现代创作版画研究会编，手拓本。本集为"风景·静物专号"，收现代创作版画研究会会员作品 12 幅。封面有"豫才先生指正　李桦"手迹。

《现代版画》（第三集）

类　别：期刊
出版者：现代创作版画研究会
版　次：1935 年 2 月 15 日出版
材　质：纸质
装　帧：平装
尺　寸：257×191
等　级：二级文物

　　现代创作版画研究会编，手拓本，收现代创作版画研究会会员作品 12 幅。

《现代版画》（第四集）

类　别：期刊
出版者：现代创作版画研究会
版　次：1935 年 3 月 1 日出版
材　质：纸质
装　帧：平装
尺　寸：234×206
等　级：二级文物

　　现代创作版画研究会编。本集为"新春风俗专号"，手拓本，收现代创作版画研究会会员作品 16 幅。

《现代版画》（第五集）

类　别：期刊
出版者：现代创作版画研究会
版　次：1935 年 3 月 1 日出版
材　质：纸质
装　帧：平装
尺　寸：229×198
等　级：二级文物

　　现代创作版画研究会编。本集为"广州生活专号"，手拓本，收现代创作版画研究会会员作品18幅，《我们的话》(李桦)1篇。扉页有"豫才先生指正 李桦 三、十五"手迹。

《现代版画》（第六集）

类　别：期刊
出版者：现代创作版画研究会
版　次：1935 年 4 月 1 日出版
材　质：纸质
装　帧：平装
尺　寸：233×205
等　级：二级文物

　　现代创作版画研究会编。手拓本，收现代创作版画研究会会员作品16幅，《我们的话》(赖少其)1篇。扉页题："送给鲁迅先生 本会赠 四月廿九日。"

《现代版画》（第七集）

类　别：期刊
出版者：现代创作版画研究会
版　次：1935 年 4 月 15 日出版
材　质：纸质
装　帧：平装
尺　寸：235×198
等　级：二级文物

　　现代创作版画研究会编。手拓本，收现代创作版画研究会会员作品 16 幅，《我们的话》（唐英伟）1 篇。

《现代版画》（第八集）

类　别：期刊
出版者：现代创作版画研究会
版　次：1935 年 5 月 1 日出版
材　质：纸质
装　帧：平装
尺　寸：227×195
等　级：二级文物

　　现代创作版画研究会编。本集为"民间风俗专号"，手拓本，收现代创作版画研究会会员作品 18 幅，风俗介绍 17 篇。

《现代版画》（第十集）

类　别：期刊
出版者：现代创作版画研究会
版　次：1935 年 6 月 15 日出版
材　质：纸质
装　帧：平装
尺　寸：236×202
等　级：二级文物

　　现代创作版画研究会编，第十集起改为月刊。本集为"第二回半年展纪念号"，手拓本，收现代创作版画研究会会员作品 19 幅，另收日本木刻家前村千帆、川上澄生作品各 1 幅，《我们的话》（赖少其　李桦　胡其藻　唐英伟　刘宪）1 篇。

《现代版画》（第十一集）

类　别：期刊
出版者：现代创作版画研究会
版　次：1935 年 9 月 1 日出版
材　质：纸质
装　帧：平装
尺　寸：277×233
等　级：二级文物

　　现代创作版画研究会编。手拓本，收现代创作版画研究会会员作品 11 幅，另收日本木刻家谷中安规作品 1 幅，《后记》（李桦）1 篇。

《现代版画》（第 12 集）

类　别：期刊
出版者：现代创作版画研究会
版　次：1935 年 10 月 1 日出版
材　质：纸质
装　帧：平装
尺　寸：283×226
等　级：二级文物

　　现代创作版画研究会编。手拓本，收现代创作版画研究会会员作品 11 幅，另收日本木刻家料治朝鸣作品 1 幅。

《现代版画》（第 13 集）

类　别：期刊
出版者：现代创作版画研究会
版　次：1935 年 11 月 1 日出版
材　质：纸质
装　帧：平装
尺　寸：281×131
等　级：二级文物

　　现代创作版画研究会编，手拓本。收现代创作版画研究会会员作品 11 幅，另收日本木刻家藤森静雄作品 1 幅。前环衬有"周先生指正 李桦敬赠 十一、一日"手迹。

《现代版画》(第 14 集)

类　别：期刊
出版者：现代创作版画研究会
版　次：1935 年 12 月 1 日出版
材　质：纸质
装　帧：平装
尺　寸：273×137
等　级：二级文物

　　现代创作版画研究会编。手拓本，收现代创作版画研究会会员作品 12 幅。

《现代版画》(第 15 集)

类　别：期刊
出版者：现代创作版画研究会
版　次：1936 年 1 月 1 日出版
材　质：纸质
装　帧：平装
尺　寸：279×249
等　级：二级文物

　　现代创作版画研究会编。本集为"新年号"附贺年片特辑，手拓本，收现代创作版画研究会会员作品 16 幅，另收日本木刻家谷中安规作品 1 幅。

《现代版画》（第 16 集）

类　别：期刊
出版者：现代创作版画研究会
版　次：1936 年 3 月 1 日出版
材　质：纸质
装　帧：平装
尺　寸：276×235
等　级：二级文物

　　现代创作版画研究会编。手拓本，收现代创作版画研究会会员作品 9 幅，另收日本木刻家守洞春作品 1 幅。

《现代版画》（第 17 集）

类　别：期刊
出版者：现代创作版画研究会
版　次：1936 年 4 月 1 日出版
材　质：纸质
装　帧：平装
尺　寸：264×245
等　级：二级文物

　　现代创作版画研究会编。本集为"反帝专号"，手拓本，收现代创作版画研究会会员作品 12 幅。

《现代版画》（第 18 集）

类　别：期刊
出版者：现代创作版画研究会
版　次：1936 年 5 月 1 日出版
材　质：纸质
装　帧：平装
尺　寸：270×247
等　级：二级文物

　　现代创作版画研究会编。手拓本，收现代创作版画研究会会员作品 12 幅。

《铁马版画》（初刊）

类　别：期刊
出版者：铁马社
版　次：1936 年 1 月 30 日出版
材　质：纸质
装　帧：平装
尺　寸：321×239
等　级：二级文物

　　铁马社编，不定期。该社成员有江丰、温涛、沃渣、郑野夫、郭牧、黄新波、王绍络、杨堤、力群等木刻家。手拓本，收木刻作品 16 幅。

鲁迅手迹

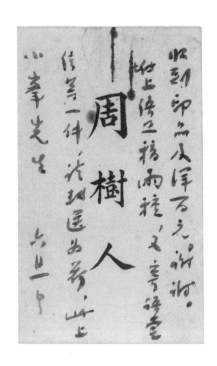

周树人名片（一）（六月一日给李小峰）

类　别：手迹
时　间：1928 年 6 月 1 日
材　质：纸质
尺　寸：100×60
数　量：1 张
等　级：二级文物

　　鲁迅在"周树人"名片正面空白处以毛笔书写留言："收
到印品及洋百元。谢谢。坿（附）上语丝稿两种，又寄语堂信
等一件，请附送为荷。此上 小峰先生 六月一日。"《鲁迅日记》
1928 年 6 月 1 日记，收到北新书局送来版税和《语丝》《北新》
及《思想·山水·人物》20 本。

鲁迅文稿《〈勇敢的约翰〉校后记》

类　别：文稿
时　间：1931 年 4 月
材　质：纸质
尺　寸：270×202
数　量：5 页
等　级：一级文物

含鲁迅校后记 3 页、注解 1 页，以及插图和说明 1 页。初刊于上海湖风书店 1931 年 10 月孙用译本《勇敢的约翰》，题为《校后记》，署名唐丰瑜。

鲁迅出售《二心集》版权收据

类　别：单据
时　间：1932 年 8 月 22 日
材　质：纸质
尺　寸：240×95
数　量：1 张
等　级：二级文物

为出售《二心集》版权收据，鲁迅手书于印花笺纸"今收到二心集版权费大洋陆百元正 鲁迅 一九三二年八月二十二日"，钤"鲁迅"印章。

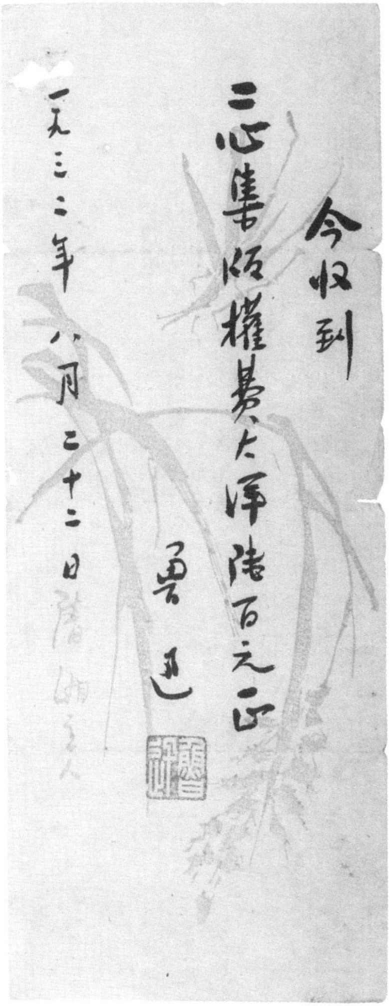

今收到
三心書店版權費大洋陸百元正
一九三二年八月二十二日籌備處人
魯迅

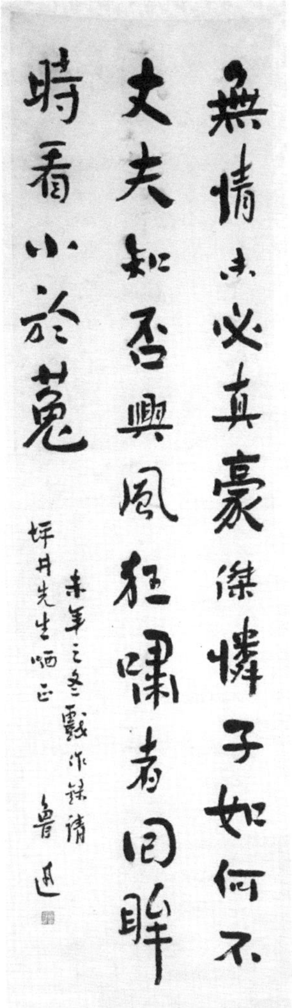

無情未必真豪傑憐子如何不
丈夫知否興風狂嘯者回眸
時看小於菟
坪丹先生惠正
未年之冬戲作録請
魯迅

惯于长夜过春时，挈妇将雏鬓有丝。梦里依稀慈母泪，城头变幻大王旗。忍看朋辈成新鬼，怒向刀丛觅小诗。吟罢低眉无写处，月光如水照缁衣。

午年春作　录呈

季市兄教正　　鲁迅

鲁迅《答客诮》诗稿

类　别：诗稿
时　间：1933 年 1 月 22 日
材　质：纸质
尺　寸：1137×323
数　量：1 幅
等　级：一级文物

　　书赠坪井芳治。钤"鲁迅"篆体白文印。《鲁迅日记》
1933 年 1 月 22 日记："晚往坪井先生寓，致自写所作诗一轴。"
初刊于《集外集拾遗》，题《答客诮》。

鲁迅《无题》诗稿（"惯于长夜过春时"）

类　别：诗稿
时　间：1933 年 1 月 26 日
材　质：纸质
尺　寸：272×172
数　量：1 幅
等　级：一级文物

　　书赠许寿裳，钤"鲁迅"白文印。《鲁迅日记》1933 年 1
月 26 日记："旧历申年元旦……夜为季市（许寿裳）书一笺，
录午年春旧作"，疑为此作。该诗初见于《为了忘却的记念》一文。

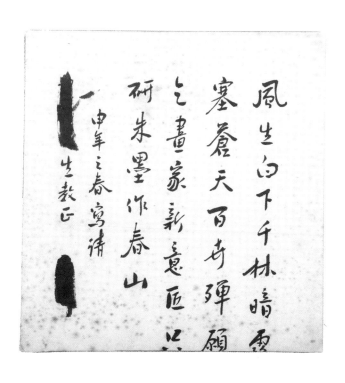

《赠画师》诗稿

类　别：诗稿
时　间：1933 年 1 月 26 日
材　质：纸质
尺　寸：214×211
数　量：1 幅
等　级：一级文物

　　《鲁迅日记》1933 年 1 月 26 日记："为画师望月玉成君书一笺云：'风声（诗稿作"生"——编者）白下千林暗……'。"此件疑为草稿。初刊《集外集拾遗》，题《赠画师》。

《萧伯纳在上海》校样

类　别：校样
时　间：1933 年 3 月
材　质：纸质
尺　寸：314×280
数　量：2 页
等　级：二级文物

　　《萧伯纳在上海》由鲁迅、瞿秋白合编，上海野草书屋1933 年 3 月初版，署："乐雯剪贴翻译并编校对。"

1. 柔石照象 (1929.3)

2. 柔石诗稿 (1925)

3. "牺牲"，德国 珂勒惠支 (Käthe Kollwitz)夫人木刻 "战争"七幅中之一，鲁迅选登 "北斗"，为柔石纪念.

鲁

柔石纪念物清单

类　别: 手迹
时　间: 1933 年 4 月
材　质: 纸质
尺　寸: 160×152
数　量: 1 幅
等　级: 二级文物

　　鲁迅于柔石遇害两周年之际，以毛笔在装有相关资料的封袋上列此清单，并将封袋与《为了忘却的记念》一同交《现代》社。内容为:"1. 柔石照象 (1929.3)""2. 柔石诗稿 (1925)""3. '牺牲'，德国珂勒惠支（Käthe Kollwitz）夫人木刻'战争'七幅中之一，鲁迅曾选登'北斗'，为柔石纪念。"

鲁迅《言论自由的界限》手稿

类　别：文稿
时　间：1933 年 4 月 17 日
材　质：纸质
尺　寸：268×210
数　量：2 页
等　级：一级文物

　　初刊于 1933 年 4 月 22 日《申报·自由谈》，署名何家干。
后编入《伪自由书》。

鲁迅《以夷制夷》手稿

类　别：文稿
时　间：1933 年 4 月 17 日
材　质：纸质
尺　寸：270×210
数　量：3 页
等　级：一级文物

　　初刊于 1933 年 4 月 21 日《申报·自由谈》，署名何家干。
后编入《伪自由书》。

言論自由的界限

何家幹

看過「紅樓夢」，總得覺得賈府上是言論頗不自由的地方。進大觀園只好才的身分，仍舊沒醉，做主子罵起，直到如才，說只有兩個在獅子乾淨。結果怎樣呢？結果是主子深恶，如才痛嫉，終他落了一嘴的馬糞。

其實是，進大觀的寫，並非要打倒賈府，倒是要賈府好，不過說主數的如此，實在是賈府的屋原，假使他能做文章，我想，恐怕也會有一篇「雜碎」之類。

我要是不下去罷了。延而得到的報拋是馬糞。而以這進大，實在是賈府的屋原，假

三年前的新月社諸君子，不幸和進大有了相類的境遇。他們引達擁護，對于這閎有一點微词，雖並引的大抵是英國經典，但他們有傷毫不利于黨國的惡意，不過說：「老爺，人家的衣服多麼乾淨，您老人家的可有些弄得，應後這地一說呢了。不料只答不發金之中情今」，來了一嘴的馬糞：閎報同聲致討，連日新月雜

— I —

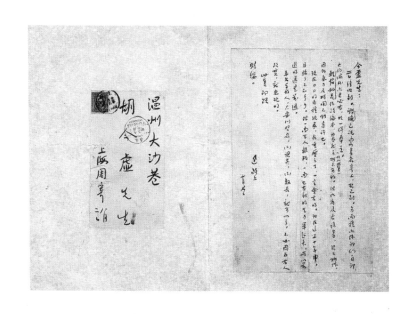

鲁迅致胡今虚信

类　别：书信
时　间：1933 年 10 月 7 日
材　质：纸质
尺　寸：242×156
数　量：1 页（附信封 1 枚）
等　级：一级文物

　　《鲁迅日记》1933 年 10 月 6 日记："得胡今虚信，下午复，并寄小说三本。"即此信。信笺上"新的生力军起来"及信封上"周"字系剪贴。信封缺背后半张，写有"八月二日"，邮戳日期为"八月五日"，因而不是此信原信封，而是鲁迅 8 月 2 日给胡复函的信封（《鲁迅日记》1933 年 8 月 2 日记："上午复胡今虚信。"）

凡一個人，即使到了中年以至暮年，倘一和孩子接近，便會踏進久經忘却了的孩子世界的疆界去，想到月亮怎麼老是跟著人走，星星究竟是怎樣嵌在天空中。但接著也就被纏繞，感到難以答復的苦痛……

『看圖識字』

唐俟

魯迅《看圖識字》手稿

类　别：文稿
时　间：1934 年 5 月 30 日
材　质：纸质
尺　寸：284×201
数　量：3 页
等　级：一级文物

初刊于 1934 年 7 月 1 日北平《文学季刊》第 3 期，署名唐俟。

鲁迅致合众书店信

类　　别：书信
时　　间：1934 年 10 月 13 日
材　　质：纸质
尺　　寸：242×166
数　　量：1 页（附信封 1 枚）
等　　级：一级文物

　　《鲁迅日记》1934 年 10 月 13 日记："得合众书店信，即复。"即此信。信笺上"店"字及信封上"合众书"3 个字均系剪贴。

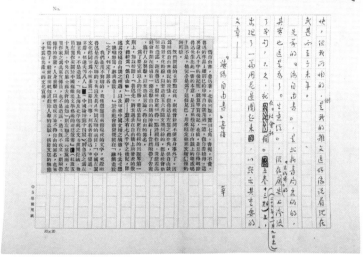

鲁迅《准风月谈·后记》被删手稿

类　别：文稿
时　间：1934 年 10 月 27 日
材　质：纸质
尺　寸：200×270
数　量：2 页
等　级：一级文物

　　手稿右上角分别标页码"2""3"。第 2 页贴有一篇剪报，其最后一段 3 行字顺延剪贴于第 3 页。此两页残稿系《〈准风月谈〉后记》被删稿。

《茅盾答国际文学社问》鲁迅抄件

类　　别：文稿
时　　间：1934 年
材　　质：纸质
尺　　寸：182×156
数　　量：1 页
等　　级：二级文物

　　1934 年, 鲁迅、茅盾分别以书面形式回答苏联《国际文学》杂志社所提问题。鲁迅将茅盾短文《答国际文学社问》同自己作的文章寄给萧三前, 手抄了茅盾的文章留底, 即为此稿。

鲁迅《势所必至，理有固然》手稿

类　别：文稿
时　间：约 1934 年 10 月
材　质：纸质
尺　寸：223×244
数　量：1 页
等　级：一级文物

　　书于"松古斋"红条格信笺，署名"直入"。初刊于 1941 年 11 月 19 日奔流社出版《奔流新集之一》。

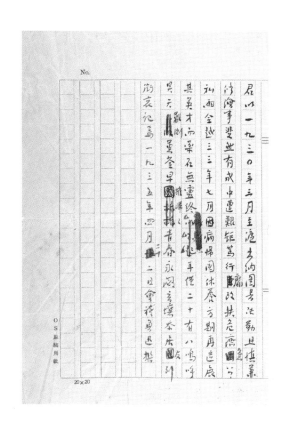

鲁迅《镰田诚一墓记》手稿

类　别：文稿
时　间：1935 年 4 月 22 日
材　质：纸质
尺　寸：195×135
数　量：1 页
等　级：一级文物

　　写于裁开的"OS 原稿用纸"左半部，无标题和标点，共 6 行，署："一九三五年四月二十二日，会稽鲁迅撰。"

鲁迅致郑振铎信

类　别：书信
时　间：1935 年 9 月 11 日
材　质：纸质
尺　寸：278×210
数　量：1 页（附“《草目》”1 页）
等　级：一级文物

　　《鲁迅日记》1935 年 9 月 11 日记："寄西谛信，附诗荃笺一条。"即为此信。信中"沈先生"指沈雁冰，"密斯杨"指瞿秋白夫人杨之华。

若君先生：

奉到手示，刚刚都出我没有相帮的事，因为我的碎信，一向乞留稿大，留别人给我的信，我也一封都不在留的，这也鉴于二七年所给兵卒，我去这理由，先生前此必知道。

专此奉复，并颂

时绥。

迅 上
十一月一日

鲁迅致孔另境（若君）信

类　别：书信
时　间：1935 年 11 月 1 日
材　质：纸质
尺　寸：260×169
数　量：1 页（附信封 1 枚）
等　级：一级文物

《鲁迅日记》1935 年 11 月 1 日记："午后得孔若君信，即复。"即此信。

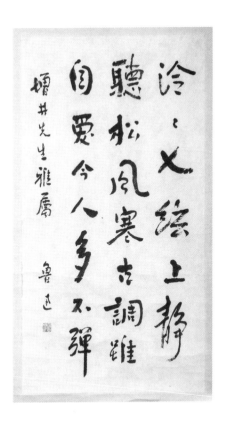

鲁迅《听弹琴》诗稿

类　别：诗稿
时　间：1935 年 12 月 4 日
材　质：纸质
尺　寸：634×342
数　量：1 幅
等　级：二级文物

　　赠增井经夫，钤"鲁迅"白文方印。《鲁迅日记》1935 年 12 月 4 日记："为增井君作字一幅"，即此幅。增井经夫曾邀鲁迅赴日写作、疗养，鲁迅婉拒并赠诗致谢。

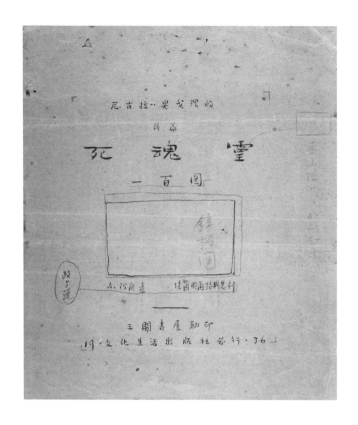

鲁迅手绘《死魂灵一百图》扉页

类　别：设计稿
时　间：1935 年
材　质：纸质
尺　寸：240×210
数　量：1 页
等　级：一级文物

　　俄国画家阿庚为果戈理《死魂灵》作画，培尔那尔特斯基刻版，计 103 幅，另附梭诃罗夫作插画 12 幅，鲁迅集为《死魂灵一百图》，并设计封面。

鲁迅《立此存照（一）》手稿

类　别：文稿
时　间：1936 年 8 月 27 日
材　质：纸质
尺　寸：167×234
数　量：1 页
等　级：一级文物

正文以毛笔书写于素白宣纸上，贴有剪报一块，有关于字号、格式等编辑意见。原署名"旅隼"，编辑时改为"晓角"，初刊于 1936 年 9 月 5 日《中流》半月刊第 1 卷第 1 期。

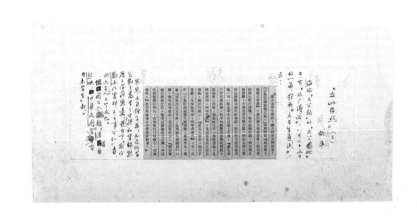

鲁迅《立此存照（二）》手稿

类　别：文稿
时　间：1936 年 8 月 27 日
材　质：纸质
尺　寸：960×307
数　量：1 页
等　级：一级文物

　　正文以毛笔书写于素白宣纸上，贴有剪报一块，有关于字号等编辑意见。原署名"旅隼"，编辑时改为"晓角"，初刊于1936 年 9 月 5 日《中流》半月刊第 1 卷第 1 期。

鲁迅《立此存照（三）》手稿

类　别：文稿
时　间：1936 年 9 月 21 日
材　质：纸质
尺　寸：140×225
数　量：4 页
等　级：一级文物

第 1 页贴剪报两块；第 2 页贴剪报 4 块，中间有红墨水渍；第 3 页贴剪报 3 块；第 4 页贴剪报 1 块。初刊于 1936 年 10 月 5 日《中流》半月刊第 1 卷第 3 期，署名"晓角"。

鲁迅《立此存照（四）》手稿

类　别：文稿
时　间：1936 年 9 月 21 日
材　质：纸质
尺　寸：167×228
数　量：1 页
等　级：一级文物

文中两处贴剪报。左下角钤"黄裳鉴藏"朱文印，有关于字号等编辑意见。初刊于 1936 年 10 月 5 日《中流》半月刊第 1 卷第 3 期，署名"晓角"。

《凯绥·珂勒惠支版画选集》封面设计稿

类　别：设计稿
时　间：1936 年
材　质：纸质
尺　寸：221×297
数　量：1 页
等　级：一级文物

　　鲁迅为自己编选《凯绥·珂勒惠支版画选集》作封面设计稿，右下角有"黄裳鉴藏"朱文印。

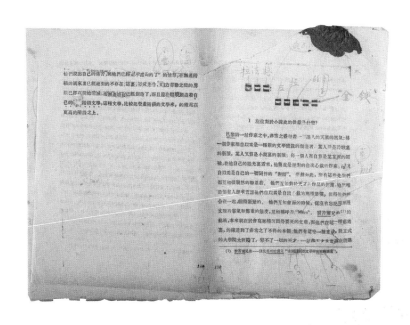

《海上述林》校样

类　别：校样
时　间：1936 年
材　质：纸质
尺　寸：212×280
数　量：上卷 458 页
　　　　下卷 288 页
等　级：二级文物

　　鲁迅红笔校改。瞿秋白于 1935 年 6 月在福建长汀遇害。鲁迅闻讯后即抱病搜集、编校瞿秋白译文集《海上述林》。分上下卷，上卷收马克思、恩格斯、列宁等论著；下卷收高尔基、别德讷依等作品。

其他手迹

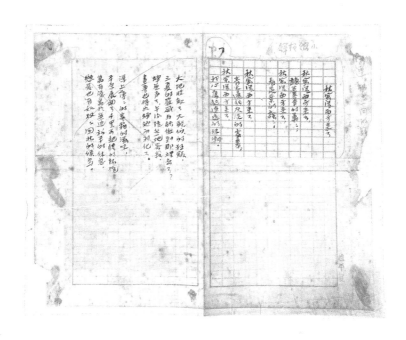

柔石《秋风从西方来了》诗稿

类　别：诗稿
时　间：1925 年
材　质：纸质
尺　寸：284×366
数　量：1 页
等　级：二级文物

鲁迅曾将此诗与柔石照片及版画《牺牲》共同发表在《北斗》杂志上。

丁玲《莎菲女士的日记》手稿

类　别：文稿
时　间：1928 年
材　质：纸质
尺　寸：160×203
数　量：26 页（正反 52 面）
等　级：二级文物

　　钢笔誊写于蓝条文稿纸，红笔校改，盖"小说月报　号用"
及"华字部　公证图章"蓝色印章。《莎菲女士的日记》为丁玲
第二部小说作品，初刊于 1928 年 2 月 10 日出版《小说月报》
第 19 卷第 2 号，为丁玲成名作。

胡也频《故乡》手稿

类　别：文稿
时　间：20 世纪 30 年代
材　质：纸质
尺　寸：209×275
数　量：16 页
等　级：二级文物

　　胡也频作，小说稿。胡也频曾任"左联"执行委员，1931 年牺牲，为"左联"五烈士之一。

萧三致"左联"同志信

类　别：书信
时　间：1931 年 1 月 9 日
材　质：纸质
尺　寸：298×210
数　量：7 页
等　级：一级文物

　　萧三时为"左联"驻国际革命作家联合会代表。1931 年萧三参加在苏联哈尔可夫召开的国际革命作家大会后，通过写信给鲁迅的途径向"左联"汇报了会议的情况。

柔石狱中给鲁迅信

类　别：书信
时　间：1931 年 2 月 5 日
材　质：纸质
尺　寸：190×118
数　量：1 页
等　级：二级文物

　　1931 年 1 月 17 日，柔石被国民党当局以"意图非法颠覆政府"的罪名逮捕，在狱中曾以本名"赵少雄"写便条告知近况，并暗示没有透露鲁迅的信息。在关押了近半月后再次写信至闸北横浜路景云里，辗转交给鲁迅先生。因狱中生活困苦不堪，对同被关押的冯铿十分担忧，希望能尽快被赎出狱。

江口涣《普罗作家同盟答辞》

类　　别：书信
时　　间：1931 年 3 月 25 日
材　　质：纸质
尺　　寸：220×186
数　　量：3 页
等　　级：一级文物

　　日本普罗作家同盟中央委员会委员长江口涣写信给"左联"，就鲁迅等中国左翼作家发表抗议书声援该同盟反抗政府压迫一事，表示感谢。

陈赓绘红四方面军鄂豫皖根据地形势图

类　　别：手绘图
时　　间：1932 年
材　　质：纸质
尺　　寸：164×195
数　　量：1 页
等　　级：一级文物

　　1932 年春夏之交，红军将领陈赓在上海治伤时，应邀秘密前往鲁迅寓所与鲁迅会面。陈赓在介绍鄂豫皖根据地红军反"围剿"的形势时，手绘了这张示意图。

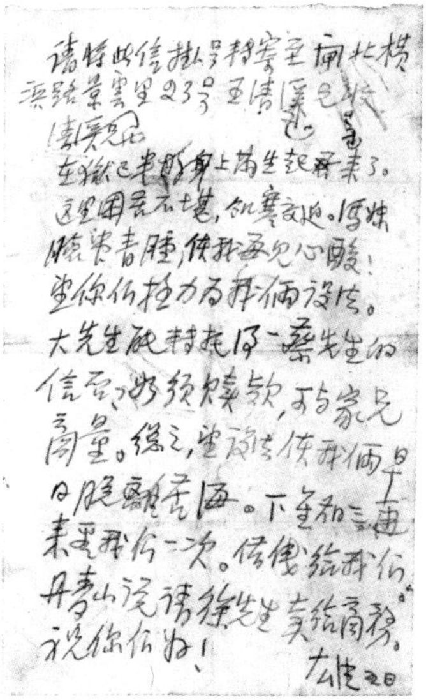

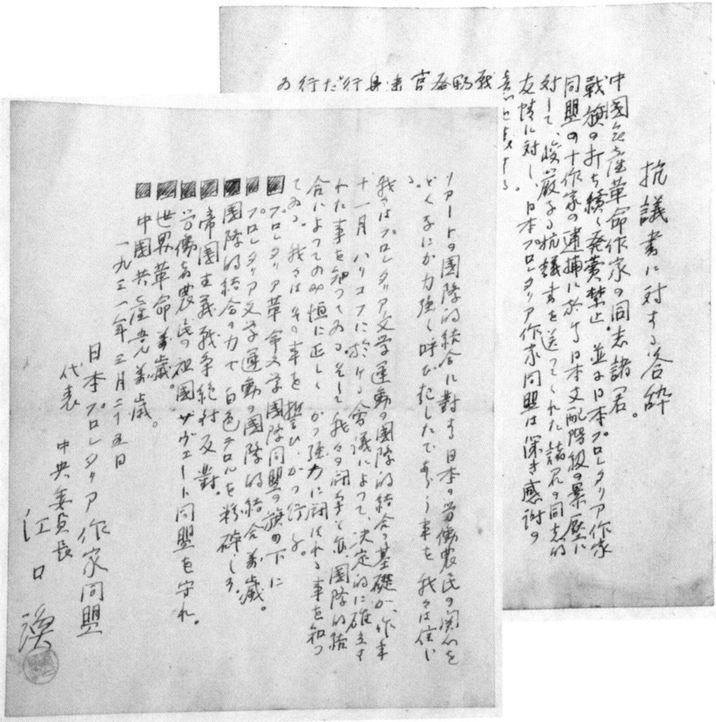

周先生：

兹谨者：敝会拟举临木刻画习作集

一事，因经济关系，难筹备毕载行

尚未问世，诚负提倡木刻运动及宣传

木刻画者之谴责也。

现名径得情愿多多之诸朋友为之辅助，

已打破种种困难，付梓在即，雅云望

集质量，倘荷贲助，多顾拨一画稿以资……

上海 MK 木刻研究会致鲁迅信

类　别：书信
时　间：1934 年 5 月 18 日
材　质：纸质
尺　寸：263×179
数　量：3 页（附信封）
等　级：三级文物

　　《鲁迅日记》1934 年 5 月 20 日记："得 MK 木刻研究社信并《木刻集》稿一本。"即为此信。

曹靖华致鲁迅信

类　别：书信
时　间：1934 年 10 月 23 日
材　质：纸质
尺　寸：195×135
数　量：3 页
等　级：三级文物

　　曹靖华致鲁迅信，附地址信息 2 页，俄文底稿 1 页，是
鲁迅 1934 年 10 月 14 日来信的复信。主要涉及鲁迅赠予苏联
版画家冈察罗夫和克拉甫兼珂《引玉集》及冈察罗夫赠予鲁迅
版画作品等事宜。

《写于深夜里》排印本及打字稿

类　别：文稿
时　间：1936 年 4—5 月
材　质：纸质
尺　寸：306×210
数　量：10 页
等　级：三级文物

　　鲁迅撰。包括刊物样稿 2 页和打印原稿 8 页（英文打字原本），英文名 *Written In Deep Night*，由史沫特莱、茅盾英译。原作初刊于 1936 年 5 月上海《夜莺》月刊第 1 卷第 3 期，后收入《且介亭杂文末编》。本文英文版的第 1 节初刊于同年 6 月 1 日上海英文期刊《中国呼声》（*The Voice of China*）第 1 卷第 6 期，其余 4 节未曾发表。

鲁迅委托内山书店售书的结账单

类　别：单据
时　间：1936 年
材　质：纸质
尺　寸：250×192
数　量：4 页
等　级：三级文物

　　内山书店开具，1936 年 7 月 13 日至 11 月 6 日鲁迅委托售书的结账单。委托书目共 17 种,包含《南腔北调集》《引玉集》《海上述林》等，每种均标注书名、受托数、退货数、残留数、贩卖数、单价和金额。钤内山书店店员镰田寿印。

许广平挽词《鲁迅夫子》

类　别：文稿
时　间：1936 年 10 月 19 日
材　质：纸质
尺　寸：608×433
数　量：1 页
等　级：一级文物

　　许广平在鲁迅逝世后作的挽词，曾放置于万国殡仪馆鲁迅灵堂中的鲁迅遗像前。

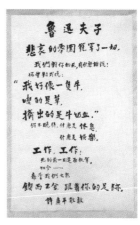

蔡元培赠《鲁迅挽联》

类　别：挽联
时　间：1936 年 10 月
材　质：纸质
尺　寸：2650×415
数　量：1 对
等　级：三级文物

　　1936 年 10 月 19 日，鲁迅在上海逝世，海内外各界人士纷纷撰联以示哀悼。蔡元培的此幅挽联，上联"著述最谨严非徒中国小说史"，下联"遗言太沉痛莫作空头文学家"，署名"蔡元培敬挽"。

郭沫若书《鲁迅挽联》

类　别：挽联
时　间：1936 年 10 月
材　质：纸质
尺　寸：1675×695
数　量：1 对
等　级：三级文物

　　1936 年 10 月 19 日，鲁迅在上海逝世，海内外各界人士纷纷撰联以示哀悼。在东京的郭沫若闻听消息，作此挽联，托人在上海书写。上联"方悬四月叠坠双星东亚西欧同殒泪"，下联"钦诵二心憾无一面南天北地遍招魂"，署名"郭沫若哀挽"。

鲁迅先生纪念委员会筹备会公告第三号

类　别：文稿
时　间：1936 年 11 月 25 日
材　质：纸质
尺　寸：185×132
数　量：1 页
等　级：二级文物

　　1936 年 11 月 1 日，鲁迅先生纪念委员会筹备会在上海组成，宋庆龄、蔡元培、沈钧儒、内山完造、茅盾、许广平、周建人等为筹备会委员。筹备会公告第 1 至第 3 号，均由茅盾起草。

《安息歌》（挽歌）

类　别：歌谱，油印件
时　间：1936 年 10 月
材　质：纸质
尺　寸：188×115
数　量：1 页
等　级：三级文物

　　吕骥、冼星海为鲁迅先生出殡而作的挽歌歌谱，此曲由吕骥在葬仪现场领唱。

鲁迅先生纪念委员会筹备会公告 第三号

兹拟徵求：(1)凡登载鲁迅先生追悼会比事及追悼诗文字之地方报章及定期刊物；(2)鲁迅先生坟墓建筑之照样及设计（坟墓地积计长 呎、宽 呎，）坟墓建筑杨及设计以庄严伟大为原则。以上来件统祈寄交上海雨杨印办馆编评的周建人先生收转。

（土月二十五日）

《哀悼鲁迅先生》（挽歌）

类　别：歌谱，油印件
时　间：1936 年 10 月
材　质：纸质
尺　寸：168×125
数　量：1 页
等　级：三级文物

　　周钢鸣据《打回老家去》重新填词，准备鲁迅先生丧仪时唱的挽歌。由于时间紧促，同时考虑到易学易唱，参与筹备的左翼音乐家们遂决定选用此曲。挽歌写成后立即印刷成传单散发，为送葬行进中传唱歌曲。

茅盾《学习鲁迅先生》文稿

类　别：文稿
时　间：1936 年
材　质：纸质
尺　寸：195×318
数　量：1 页
等　级：二级文物

　　初刊于《中流》第 1 卷第 5 期（哀悼鲁迅先生专号），后编入《鲁迅先生纪念集》。

鹿地亘《"鲁迅在黑夜里寻求光明……"》诗稿

类　别：诗稿
时　间：1944 年 11 月 7 日
材　质：纸质
尺　寸：230×537
数　量：1 页
等　级：三级文物

　　1944 年日本进步作家鹿地亘在重庆期间，用毛笔写下了这首歌颂、纪念鲁迅的日文诗篇。

宋庆龄致鲁迅信

类　别：书信
时　间：1956 年
材　质：纸质
尺　寸：265×191
数　量：3 页
等　级：二级文物

　　1936 年 6 月，宋庆龄得知鲁迅先生病重后写了劝鲁迅立即就医的一封信，言辞恳切，语气急迫，表达了宋庆龄与鲁迅真挚、深厚的战友情谊。本件为 1956 年宋庆龄重录。

艺术品

《风景画》

类　别：水粉画
时　间：1928 年
材　质：纸质（连框）
尺　寸：245×270
数　量：1 幅
等　级：二级文物

司徒乔作。1928 年 3 月《鲁迅日记》中记载曾前往乔小画室"定画二帧"，此幅即为两帧之一。画中风景为远眺广州越秀山镇海楼。鲁迅为司徒乔的展览会目录写的序言称赞他的作品："爽朗的江浙风景，热烈的广东风景，倒是作者本色"，"抱着明丽之心的作者"画的是"背着历史竭力拂去黄埃的中国彩色"。

《倒立之演技女儿》

类　别：油画
时　间：20 世纪 20 年代
材　质：布面（连框）
尺　寸：327×400
数　量：1 幅
等　级：三级文物

宇留川作。1929 年 4 月 27 日，鲁迅参观日本画家宇留川个人绘画展览会，购得本作，挂于大陆新村寓所 3 楼东墙。

《铁流》插图

类　别: 印刷品
时　间: 20 世纪 30 年代
材　质: 纸质
尺　寸: 234×177
数　量: 100 张
等　级: 三级文物

　　苏联画家法棱支（通译弗连茨）作《铁流》插图，收录于三闲书屋 1931 年初版《铁流》。鲁迅在《〈铁流〉编校后记》中说明："中间又加上了原是大幅油画，法棱支所作的《铁流》。"此为鲁迅自印。

《〈铁流〉之图》

类　别：版画
时　间：1931 年
材　质：纸质
尺　寸：5.2×9.3、3.5×5、4×6、7.5×13.1
数　量：4 幅
等　级：一级文物

　　苏联画家毕斯凯莱夫（1892—1959）作《铁流》插画 4 幅，手拓本。由鲁迅托《铁流》中文译者曹靖华在苏联获得，鲁迅命名为《〈铁流〉之图》，刊于 1933 年 7 月 1 日《文学》月刊创刊号，后编入《引玉集》。

《母亲》木刻插图

类　别：版画
时　间：1933 年
材　质：纸质
尺　寸：约 330×245
数　量：14 幅
等　级：一级文物

　　苏联画家亚历克舍夫作，手拓本。为高尔基《母亲》一书的插图，鲁迅编入《引玉集》。

《雪景》

类　别：版画
时　间：1935 年
材　质：纸质
尺　寸：270×174
数　量：1 幅
等　级：二级文物

　　何白涛作，手拓本。作者赠鲁迅，鲁迅 1933 年 12 月 19 日复作者信说："《雪景》的雪点太小了，不写明，则观者想不到在下雪。"

《狂风暴浪》

类　别：版画
时　间：20 世纪 30 年代
材　质：纸质
尺　寸：187×163
数　量：1 幅
等　级：二级文物

　　黄新波作，手拓本。刻画了水手们在海上与狂风巨浪进行搏斗的情形。由作者赠予鲁迅。

木刻板：窗外小景

类　别：木雕
时　间：1934 年
材　质：木质
尺　寸：221×162×24
数　量：1 块
等　级：三级文物

　　陈烟桥所刻《窗》之原版，该幅作品收入鲁迅所编《木刻纪程》。1935 年 3 月 13 日鲁迅致陈烟桥信中说："去年曾以《木刻纪程》一本寄给苏联的美术批评家 Paul Ettinger, 请他批评，年底得到回信……有几个是大有希望的……雾城（他特别指出《窗》及《风景》）。"

九华堂宝记名笺

类　别：文房用具
时　间：20 世纪二三十年代
材　质：纸质
尺　寸：269×180
数　量：一盒
等　级：三级文物

九华堂宝记盒装，28 种 56 张。图案有山水、人物、花鸟、鱼虫、瓜果等，原画金梦石、俞法三等作。九华堂宝记创立于清光绪十三年（1887 年），原址位于上海福州路，主要经营书画、扇面、笺纸等。

《1917 年 11 月 7 日（俄历 10 月 25 日）攻克冬宫》明信片

类　别：邮品
时　间：1928 年
材　质：纸质
尺　寸：107×150
数　量：1 枚
等　级：二级文物

苏联革命博物馆发行，苏联国家造币厂印制。为十月革命中著名的攻打冬宫场面彩色宣传画，作者为 R.R. 弗伦茨。

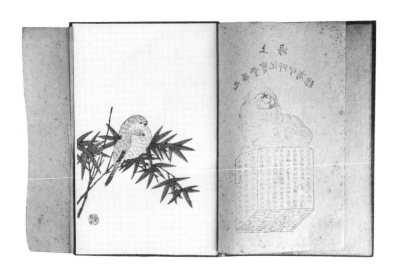

《十二月武装起义：间谍的末路》明信片

类　别：邮品
时　间：1928 年
材　质：纸质
尺　寸：105×150
数　量：1 枚
等　级：二级文物

苏联革命博物馆发行，苏联国家造币厂印制。尼古拉·卡萨金作，系列作品之一。该系列作品描绘了 1905 年 12 月莫斯科工人在布尔什维克领导下举行罢工，而后发展为武装起义的历史。

《女革命者的审问》明信片

类　别：邮品
时　间：1932 年
材　质：纸质
尺　寸：105×149
数　量：1 枚
等　级：二级文物

苏联革命博物馆发行，苏联国家造币厂印制。油画《女革命者的审问》，又译《审讯》，V.E. 马科夫斯基作于 1904 年。

《马克思恩格斯列宁画像》明信片

类　别：邮品
时　间：20 世纪 30 年代
材　质：纸质
尺　寸：148×106
数　量：1 枚
等　级：二级文物

　　苏联革命博物馆之友协会发行。作者不明，为马克思、恩格斯和列宁并排侧面线描画像。背面俄文说明，上方："革命博物馆将列宁主义传播到广大群众当中"，下方："马克思、列宁和恩格斯"，左侧："革命博物馆之友出版"。

《陀思妥耶夫斯基画像》明信片

类　别：邮品
时　间：20 世纪 30 年代
材　质：纸质
尺　寸：101×144
数　量：1 枚
等　级：二级文物

　　苏联国家造型艺术出版社发行。俄国作家陀思妥耶夫斯基油画肖像，瓦西里·佩罗夫作，原画名《费·米·陀思妥耶夫斯基像》，作于 1872 年。

《果戈理画像》明信片

类　别：邮品
时　间：20 世纪 30 年代
材　质：纸质
尺　寸：102×144
数　量：1 枚
等　级：二级文物

　　苏联国家造型艺术出版社发行。俄国作家果戈理油画肖像，F.A. 莫勒作，原画名《N.V. 果戈理》，作于 1841 年。

"鲁迅"印章

类　别：印章
时　间：1928 年
材　质：橡胶质
尺　寸：17×17×20
数　量：1 枚
等　级：一级文物

　　"鲁迅"仿签名手迹阳文印，横式。曾作为《壁下译丛》等书版权页印证。

鲁迅名印"鲁迅"

类　别：印章
时　间：20 世纪 30 年代
材　质：铅质
尺　寸：19×20×22
数　量：1 枚
等　级：一级文物

　　此白文仿汉名印系鲁迅据印监制成锌版后加方形铅块而成。钤于鲁迅《三闲集》等著作版权页印证等。

"周树人印"印章

类　别：印章
时　间：1931 年
材　质：寿山石石质
尺　寸：18×18×60
数　量：1 枚
等　级：一级文物

　　阴文印。曾钤于《钱起·归雁》（赠长尾景和）等稿。

鲁迅名印"洛文"

类　别：印章
时　间：1931 年
材　质：青田石质
尺　寸：15×15×30
数　量：1 枚
等　级：一级文物

　　阳文印。边款为："辛未四月寿伯制于万石楼。"《鲁迅日记》1931 年 6 月 7 日记："同三弟往西泠印社买石章二，托吴德元（光）、顾（陶）寿伯各刻其一，共用泉四元五角。""洛文"系鲁迅笔名。

鲁迅名印"鲁迅"

类　别：印章
时　间：20 世纪 30 年代
材　质：黄杨木质
尺　寸：10×25×61
数　量：1 枚
等　级：一级文物

　　仿签名手迹"鲁迅"两个字，竖式，阳文印。

操人形

类　别：玩具
时　间：20 世纪 30 年代
材　质：石膏、布
尺　寸：130×50×530
数　量：1 件
等　级：三级文物

　　内山嘉吉自制并赠鲁迅，连木盒。人偶着杏色布裙。附人偶照片 1 张，后书纪文："这是赠给鲁迅先生的人偶，她叫嘉子。请多关照。1932 年 1 月 8 日晨。"

天下大将军、地下女将军

类　别：木雕
时　间：1933 年
材　质：木质
尺　寸：直径 40×230
数　量：一对
等　级：三级文物

通体褐色圆柱形，黑目白牙，绿额头，带黑帽，身上分别
写有"天下大将军"和"天下女将军"字样。形似朝鲜立在路
边的路标，称为"长丞"，后演变为一种工艺品玩具。《鲁迅日
记》1933 年 2 月 14 日记："得辛岛骁君从朝鲜寄赠之玩具二
合六枚。"即此。

生活用品

白瓷山水茶壶

类　别：茶具
时　间：1932 年 6 月
材　质：瓷质
尺　寸：215×117×127
数　量：1 把
等　级：三级文物

　　白瓷侧把壶，浅圈足。壶身一侧刻有山水人物等，左上刻"山水怡神　壬申刻"几字；另一侧刻"含英咀华"，款记"廿一年六月，豫才制于宜城"。《鲁迅日记》1932 年 6 月 25 日记："下午蕴如及三弟来，并赠茗壶一具，又与海婴茶具三事，皆从安庆携来，有铭刻。"周建人、王蕴如在安徽安庆（别名"宜城"）定制这把茶壶，并以鲁迅名义题了铭刻，赠送给鲁迅。

绿罩台灯

类　别：灯具
时　间：1932 年
材　质：铜质，玻璃（灯罩）
尺　寸：280×205×398，座直径 150
数　量：1 座
等　级：三级文物

插座上有"保久牌协盛厂造"字样，墨绿色玻璃灯罩，铜制支架、台座，铁底。《鲁迅日记》1932 年 10 月 6 日记："晚洛扬来并赠桌上电灯一座。""洛扬"即冯雪峰。

手摇唱机

类　别：音像器具
时　间：1935 年
材　质：铁、木质
尺　寸：405×365×298
数　量：1 台
等　级：三级文物

日本产 Magna Phonic 牌 78 转钢针放唱机，棕黑色木制外盒。《鲁迅日记》1935 年 5 月 9 日记："下午为海婴购买留声机一具，二十二元。"据周海婴回忆，此唱机在他十五六岁时改装过。

玉狐镇纸

类　别：文房用具
时　间：1936 年
材　质：石质
尺　寸：150×112×83
数　量：1 件
等　级：三级文物

　　苏联制玉雕，狐狸造型，底座凿浅池。瞿秋白夫人杨之华在苏联出席共产国际第七次代表大会时，寄赠鲁迅玉雕两件，此即其中之一。《鲁迅日记》1936 年 7 月 2 日记为"烟灰皿"，实际作镇纸用。

紫色绒线背心

类　别：织绣
时　间：20 世纪 30 年代
材　质：羊毛
尺　寸：625×440×12
数　量：1 件
等　级：二级文物

许广平手制。以"双桂花针"法织成，分前、后两片，待每片的领、袖边完成后缝合。这样的织法相对致密、厚实，结构平整牢固。鲁迅 1933 年 5 月 1 日摄于春阳相馆的照片中，所穿毛背心即为此件。

椭圆形镜子

类　别：生活用品
时　间：20 世纪 30 年代
材　质：涂层玻璃、木
尺　寸：467×370×22
数　量：1 件
等　级：三级文物

瞿秋白赠。椭圆形玻璃镜面，白漆木框，背面有挂钩、挂绳。鲁迅将其挂于大陆新村寓所 2 楼主卫生间内。

黑布长柄雨伞

类　别：雨具
时　间：20 世纪 30 年代
材　质：面料布质
尺　寸：900×120
数　量：1 件
等　级：三级文物

　　棉布伞面，金属骨架，胶木长柄。1933 年 6 月 18 日，中国民权保障同盟副会长兼总干事杨杏佛在上海遭暗杀。鲁迅冒生命危险，仍于 6 月 20 日在白色恐怖中，冒大雨亲往万国殡仪馆吊唁，当时即使用此伞。

青花汤碗

类　别：餐具
时　间：20 世纪 30 年代
材　质：瓷质
尺　寸：大直径 252×100，中直径 216×88，小直径 184×77
数　量：一套 5 件
等　级：三级文物

　　全套含大汤碗 2 只、中汤碗 2 只、小汤碗 1 只。青花白瓷云纹，云纹间点缀三瓣蓝花图案。据内山完造回忆，此套碗原为内山家用具，当年内山夫妇送鲁迅菜肴时一并赠予。

长方形金鱼缸

类　别：玻璃器
时　间：20 世纪 30 年代
材　质：玻璃
尺　寸：305×228×182
数　量：1 件
等　级：三级文物

　　1936 年夏内山完造赠送。曾置于大陆新村鲁迅寓所 2 楼写字桌上，许广平回忆曾养过"苏州鱼"等。

瓷龟形笔插

类　别：瓷器
时　间：20 世纪 30 年代
材　质：瓷质
尺　寸：114×84×25
数　量：1 件
等　级：三级文物

　　器作行龟状，表面施黄釉。龟背中心向外发散状开设圆孔 7 处。原为插花座，鲁迅用作笔插。

藤躺椅

类　别: 家具
时　间: 20 世纪 30 年代
材　质: 藤质
尺　寸: 778×1122×845
数　量: 1 件
等　级: 三级文物

　　藤制躺椅，连抽拉式脚踏。置鲁迅大陆新村 9 号公寓的工
作室兼卧室，为他小憩之具。

三门衣橱

类　别：家具
时　间：20 世纪二三十年代
材　质：木质
尺　寸：1764×605×2240
数　量：1 件
等　级：三级文物

　　衣橱整体可拆分为顶部、底座和柜体（含左右两部分）。主体为柳桉木材质，表面为装饰贴面。中有穿衣镜。1930 年内山完造以自己的名义为鲁迅办理了拉摩斯公寓的租赁手续，并由鲁迅买下了屋内家具，此为其中 1 件，后搬迁至大陆新村寓所继续使用。

原木色双玻璃门书橱

类　别：家具
时　间：20 世纪 30 年代
材　质：木质
尺　寸：1133×468×1532
数　量：1 件
等　级：三级文物

　　中式造型杂木混合材质，门框用料为柳桉木，立柱则为水曲柳材质。门上有花型铜锁孔，铜质把手。平底。内设 4 层置物木板。放置于鲁迅大陆新村寓所 2 楼靠窗位置。

转椅

类　别：家具
时　间：20 世纪 30 年代
材　质：木质
尺　寸：528×600×798
数　量：1 件
等　级：三级文物

　　西式转椅。含正反面使用的嵌入式软垫，即天热用木面，天凉用棉质坐面。椅座与椅腿分离，由一根螺旋钢铁柱连接，不仅能够原地旋转坐面，同时还可调整座椅的高度。

檀竹火钵

类　别：家具
时　间：20 世纪 30 年代
材　质：铅、竹木
尺　寸：直径 425×343
数　量：1 件
等　级：三级文物

　　日式火钵，火盆为铅质，辅以竹木框架。《鲁迅日记》1932 年 4 月 23 日记，此钵为"花园庄"旅馆老板与田丰蕃等 4 人所赠。

有盖竹篮

类　别：竹器
时　间：20 世纪 30 年代
材　质：竹质
尺　寸：320×285
数　量：1 件
等　级：三级文物

　　褐色绍兴式饭篮，竹条编制，有竹制提手、圆竹盖，悬挂于大陆新村 2 楼储藏室靠窗处。

讲义包布

类　别：织绣
时　间：20 世纪 30 年代
材　质：丝质
尺　寸：690×690
数　量：1 件
等　级：二级文物

　　深褐色方巾，一角有浅褐色提花纹装饰。鲁迅有用书包布包裹书籍携带的习惯，许广平证实此巾即用作书包布。

名片盒及鲁迅名片

类　别：印刷品
时　间：20 世纪 30 年代
材　质：纸质
尺　寸：88×58×41
数　量：1 盒
等　级：三级文物

　　内装印"周树人"三字名片，共计 96 张。盒上贴有"新式名片""上海商务印书馆发售"等字的标志。

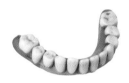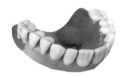

义齿

类　别：生活用品
时　间：20 世纪 30 年代
材　质：瓷、橡胶（基托）
尺　寸：58×40、50×40
数　量：1 副
等　级：一级文物

　　据《鲁迅日记》载，鲁迅居上海时期曾多次前往高桥医院齿科修义齿，"1933 年 5 月 4 日，往高桥医院修义齿讫，付泉十五元"。

其他

望·蔼覃像铜版及签名锡版

类　别：印刷版
时　间：1928 年
材　质：铜、锡、木
尺　寸：作者像铜版 106×88×22，签名锡版 38×18×22
数　量：2 块
等　级：三级文物

　　作者像为固定于木块上的铜版，作者签名为固定于木块上的锡版。望·蔼覃系荷兰作家，鲁迅将其所著长篇童话《小约翰》转译为中文，于 1928 年 1 月由北京未名社初版。作者像铜版即用于卷首。

鲁迅中国民权保障同盟会员证

类　别：证件
时　间：1933年1月11日签发
材　质：纸质
尺　寸：115×74
数　量：1张
等　级：一级文物

　　毛笔填写会员号"第弍拾号"、会员证号"第叁号"；填写日期为民国"二十二年一月十一日"。《鲁迅日记》1933年1月11日记："至中央研究院开民权保障同盟会。"民权保障同盟会发给此证。

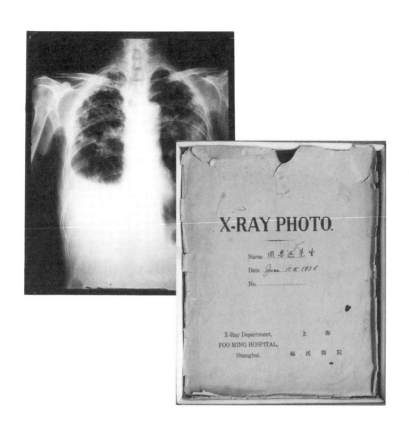

鲁迅 X 光胸片

类　别：照片底片
时　间：1936 年 6 月 15 日
材　质：胶片
尺　寸：428×355
数　量：1 张（附纸袋）
等　级：一级文物

　　胸片装入印有"X-RAY PHOTO"字样纸袋，纸袋姓名栏填写"周鲁迅先生"，日期"June 15th 1936"。另有中英文"上海福民医院"等。胸片可见两肺上中部有许多纤维性结核病变及严重肺气肿，并有积液。

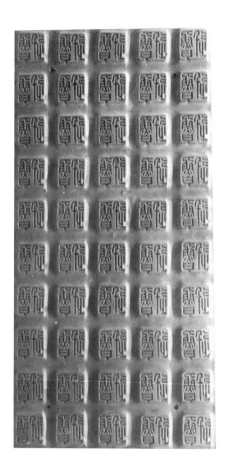

鲁迅版权证

类　别：印刷版
时　间：20 世纪 30 年代
材　质：铜质
尺　寸：210×105×3
数　量：1 块
等　级：三级文物

　　铜质印刷版。据西泠印社吴德光所刻印章翻制。以此铜版
印制成纸质版权证印花，贴于部分鲁迅出版著作的版权页。

上海大戏院优待券

类　别：票据
时　间：20 世纪 30 年代
材　质：纸质
尺　寸：62×76
数　量：1 页
等　级：三级文物

　　上方用中英双语依次印有"ISIS THEATRE 上海大戏院"。沿对角线设打孔虚线，线两侧分别印编号"No.197"。中间依次印"Complimentary Ticket 优待券"，底部印"A.F.I."（释义未知），"Manager"（经理）有黑色字迹手写签名。另有黑色字迹"One person"（单人），蓝紫色墨水字迹"Louis envy"当为影片名。

鲁迅石膏遗容

类　别：雕塑
时　间：1936 年 10 月 19 日
材　质：石膏
尺　寸：210×135×82
数　量：1 尊
等　级：一级文物

　　鲁迅逝世当天，日本友人奥田杏花在大陆新村 9 号鲁迅寓所从鲁迅遗体上翻制。其上粘有鲁迅胡须 20 根、眉毛 2 根。

自由车交通队用旗

类　别：丧仪品
时　间：1936 年
材　质：棉质
尺　寸：470×330
数　量：1 面
等　级：三级文物

　　三角形旗帜，上写"交通队"3 个字，上方小字写有"鲁迅先生出殡时自由车交通队用旗琢如志"及日期。鲁迅出殡时由自行车交通队负责联络和维持秩序，此旗插在自行车上用作标志。

鲁迅墓碑

类　别：墓碑
时　间：1936 年 10 月
材　质：水泥
尺　寸：570×200×700
数　量：1 件
等　级：三级文物

　　1936 年 10 月 22 日鲁迅丧仪在万国公墓礼堂举行，遗体葬于万国公墓，所立墓碑即此座。整座墓碑呈梯形，镶嵌的鲁迅瓷像选用鲁迅 53 岁时拍摄的一幅照片；下端所刻"鲁迅先生之墓"6 个字由鲁迅之子周海婴书写。1947 年 9 月，鲁迅墓重修，以许广平设计的石质墓碑替换之。

光华大学演讲后留影原照

类　别：照片
时　间：1927 年 11 月 16 日
材　质：纸质
尺　寸：86×60
数　量：1 张
等　级：一级文物

　　鲁迅应光华大学学生会之请，前往该校演讲，演讲结束后留影。

大陆新村寓所客厅门前留影原照

类　别：照片
时　间：1936 年 10 月 2 日
材　质：纸质
尺　寸：142×89
数　量：1 张
等　级：一级文物

　　美国作家马克斯·格兰尼奇受宋庆龄委托，在茅盾陪同下去探望病重的鲁迅时，为鲁迅拍摄了这张照片。

参观第二回全国木刻流动展览会时留影原照

类　别：照片
时　间：1936 年 10 月 8 日
材　质：纸质
尺　寸：102×63
数　量：1 张
等　级：一级文物

　　1936 年 10 月 8 日鲁迅前往上海八仙桥青年会，参观"第二回全国木刻流动展览会"，并与在场青年木刻家进行交谈。摄影师沙飞拍摄 1 组照片，此为其中之一，亦为鲁迅最后参与社会活动之留影。

附

相关建筑遗址

景云里

今横浜路 35 弄，为上海市虹口区级文物保护单位，2021 年被录入《上海市第一批革命文物名录》。

　　1927 年 10 月 8 日至 1930 年 5 月 12 日，鲁迅和许广平居住在景云里，先后在 23 号、18 号、17 号住过。其间，鲁迅出版了杂文集《而已集》，主编《语丝》《萌芽月刊》等刊物；参与发起建立中国左翼作家联盟，参加中国民权保障同盟；结识柔石、冯雪峰、史沫特莱等中外友人。

内山书店旧址

今四川北路 2048 号，为上海市文物保护单位，2021 年被录入《上海市第一批革命文物名录》。

　　最初创设于魏盛里，1929 年迁于此处。鲁迅在上海期间，经常到店购书，并与内山完造结交为友。该书店是鲁迅著作和左翼进步书刊的出售点，亦是中国共产党人和进步人士的联络点，曾掩护和营救过鲁迅、郭沫若、夏丏尊等爱国文化人士。

中国左翼作家联盟成立大会会址 (中华艺术大学旧址)

今多伦路 201 弄 2 号，为上海市文物保护单位，2021 年被录入《上海市第一批革命文物名录》。

中华艺术大学，1925 年创建，是中国共产党创办的一所综合性大学。1930 年 3 月 2 日，中国共产党领导的第一个革命文学团体——中国左翼作家联盟在此成立，鲁迅出席成立大会，被推为执行委员之一，并作《对于左翼作家联盟的意见》讲演。会议通过"左联"的理论纲领及行动纲领。

拉摩斯公寓旧址

今四川北路 2079—2099 号，现名北川公寓，为上海市虹口区级文物保护单位，第四批上海优秀历史建筑（编号 4F017），2021 年被录入《上海市第一批革命文物名录》。

　　1928 年由英国人拉摩斯投资建造，1930 年 5 月 12 日至 1933 年 4 月 11 日，鲁迅携家人租住该公寓 A 三楼 4 号。其间，鲁迅撰写发表了《为了忘却的记念》《中国无产阶级革命文学和前驱的血》等文章，出版了《二心集》《伪自由书》《南腔北调集》等书。鲁迅掩护瞿秋白夫妇避居两次，陈云来此接应瞿秋白夫妇转移。与红军将领陈赓见面，了解鄂豫皖根据地的战斗形势。

荷兰西餐馆旧址

今重庆南路 182 号，为上海市黄浦区文物保护点，2021 年被录入《上海市第二批革命文物名录》。

　　1930 年 9 月 17 日，上海左翼文化界人士在此集会庆贺鲁迅 50 岁寿诞。柔石致辞并主持，"左联""社联""美联""剧联"诸代表讲演，热烈地希望鲁迅更勇敢地做文学上的活动。鲁迅致答词，表示将努力完成朋友们的希望。会上，史沫特莱为鲁迅摄影。

木刻讲习会旧址

今长春路 319 号，为第五批上海优秀历史建筑（编号 5F014）。

　　1931 年 8 月 17 日至 22 日，鲁迅借长春路日语学校的一间教室举办暑期木刻讲习会，请内山完造胞弟内山嘉吉讲授木刻版画技法，并担任翻译。这是中国第 1 次木刻讲习会，有学员 13 名，是鲁迅所倡导的中国新兴木刻运动的起点。

野风画会旧址

今西江湾路 476 弄 24 号，为第五批上海优秀历史建筑（编号 5F018）。

　　1932 年，左翼木刻艺术团体野风画会在此成立，是年，鲁迅为野风画会捐助开办经费；10 月 26 日，来此做《美术上的大众化与旧形式的利用问题》的演讲；12 月 21 日，来此与艺术青年们漫谈，针对当时青年美术工作者的思想情况，并结合画册，讲述有关美术工作者如何提高思想、如何深入生活、如何提高技巧和如何进行革命美术创作的问题。

鲁迅存书室旧址

今溧阳路 1359 号 2 楼，为上海市文物保护单位，2021 年被录入《上海市第一批革命文物名录》。

　　1933 年 3 月 27 日，鲁迅将拉摩斯公寓的藏书移至此处，作为专门的藏书室。该屋是鲁迅通过内山完造，以内山书店职员镰田诚一的名义租借。屋内有一台方桌，沿墙堆放鲁迅所设计的书箱，保藏诸多社科、文学、美术及马克思主义著作，珍藏有瞿秋白、柔石等牺牲者的手稿和遗物。鲁迅逝世后，许广平将藏书迁往淮海中路淮海坊住所存放。

上海鲁迅故居

今山阴路 132 弄 9 号，为上海市文物保护单位，第三批上海优秀历史建筑（编号 3F001），2021 年被录入《上海市第一批革命文物名录》。

  建于 1932 年，由中国大陆银行投资。1933 年 4 月 11 日，鲁迅一家从拉摩斯公寓迁居至此，直至 1936 年 10 月 19 日鲁迅逝世。其间，鲁迅撰写了 280 余篇杂文，出版了《集外集》《故事新编》《花边文学》《且介亭文集》等书，翻译了《死魂灵》等多部外国文学作品。

现代作家木刻画展览旧址

今山阴路 2 弄 38 号。

　　1933 年 10 月 14—15 日，鲁迅为倡导中国新兴木刻运动，和内山完造合作在此举办"现代作家木刻画展览"。本次展会共展出苏联、德国、捷克等国的木刻版画作品 64 幅。

申报馆旧址

今汉口路 309 号，为第二批上海优秀历史建筑（编号 2A034）。

　　该楼是旧上海影响最大、出版时间最长的中文日报《申报》的原报社大楼。1933 年至 1934 年间，鲁迅在《申报》副刊《自由谈》上发表大量杂文，后多收入《伪自由书》《准风月谈》《花边文学》等杂文集。

金城大戏院旧址

今北京东路 780 号，为第四批上海优秀历史建筑（编号 4A026）。

　　鲁迅居沪期间，曾多次和许广平赴该戏院观影。1934 年 3 月 22 日，赴该戏院观《兽王历险记》；1934 年 11 月 14 日，赴该戏院观《海底探险》；1935 年 11 月 3 日，赴该戏院观《钦差大臣》。

新亚大酒店

今天潼路 422 号，为第二批上海优秀历史建筑（编号 2F007）。

　　鲁迅在上海期间，曾多次来此宴饮。1935 年 9 月 1 日，鲁迅邀请胡蛮、姚克在此吃饭，并赠胡蛮《北平笺谱》一部；9 月 17 日，与茅盾、郑振铎等在此聚餐。1936 年 2 月 24 日，与日本改造社社长山本实彦在此午餐。

河滨大楼

今北苏州路 400 号，为第二批上海优秀历史建筑（编号 2F002）。

　　该楼 204 室，是鲁迅的美国友人伊罗生的寓所。伊罗生时任左翼刊物《中国论坛》编辑、中国民权保障同盟上海分会执行委员。1933 年 9 月 5 日，鲁迅在"世界反对帝国主义战争委员会远东会议"召开之前，在伊罗生寓所会晤法国代表、共产党员、《人道报》主编瓦扬·古久里。

苏联驻沪总领事馆旧址

今黄浦路 20 号，现为俄罗斯联邦驻上海总领事馆，为上海市文物保护单位，第
一批上海优秀历史建筑（编号 1F002）。

    1935 年 11 月 8 日，鲁迅、宋庆龄、茅盾、许广平和美国
记者史沫特莱等，应领事馆邀请，前往参加庆祝十月革命节的
招待会，并观看电影《夏伯阳》（《恰巴耶夫》）。

八仙桥基督教青年会旧址

今西藏南路 123 号，为上海市文物保护单位，第一批上海优秀历史建筑（编号
1A011）。

　　1936 年 10 月 8 日，第二回全国木刻流动展览会在该楼举
行，鲁迅抱病前往参观，并与青年木刻家座谈。

鲁迅墓

位于四川北路2288号鲁迅公园内。1961年3月列为第一批全国重点文物保护单位，2021年被录入《上海市第一批革命文物名录》。

　　1936年10月19日，鲁迅在上海逝世，葬于上海万国公墓，1956年迁至上海虹口公园（今鲁迅公园）内。由陈植设计，正南向，照壁式大墓碑中央镌刻毛泽东题字"鲁迅先生之墓"。墓碑下方是安放鲁迅灵柩的墓穴，墓穴左右各有一棵桧柏，分别由许广平和周海婴所植。墓前绿地中置由萧传玖创作的鲁迅铜像，基座上刻阴文鲁迅生卒年份"1881—1936"。

年谱
（1927—1936）

林翘 编撰

1927 年 (中华民国十六年 丁卯) 47 岁

10 月　　3 日午后同许广平抵上海，暂寓爱多亚路长耕里（今延安东路 158 弄）的共和旅馆。8 日迁往景云里 23 号，与许广平开始同居。

往北四川路魏盛里（今四川北路 1881 弄）内山书店买书，结识内山完造。

发表《〈唐宋传奇集〉序例》，着手为出版《唐宋传奇集》进行编校工作，托陶元庆设计封面。

19 日往兴华酒楼赴"中国济难会"工作人员王望平（王弼）便宴，同席 10 余人，席间讨论筹办文艺刊物。

致廖立峨信，信中谈到自己对上海的观感："这里的情形，我觉得比广州有趣一点，因为各式的人物较多，刊物也有各种，不象广州那么单调。我初到时，报上便造谣言，说我要开书店了，因为上海人惯于用商人眼光看人。也有来请我去教国文的，但我没有答应。"

发表《革命文学》。

应易培基邀请往劳动大学演讲约 1 小时，题为《关于知识阶级》。

往立达学园演讲，题为《伟人的化石》（稿佚）。

11 月　　应陈望道之约往复旦大学讲演 1 小时，题为《关于革命文学问题》。

应夏丏尊之邀，至华兴楼为暨南大学国文系"同级会"演讲，内容关于文学创作和读书方法等问题（讲稿佚）。

会晤创造社成员郑伯奇、蒋光慈等商议组织联合战线，恢复《创造周报》事宜。

应邀为劳动大学开设的《文学讲座》讲课，每周 1 次。

应邀往光华大学演讲，题为《文学与社会》。

应邀往大夏大学演讲 1 小时（讲稿佚）。

接待丰子恺来访，首次与丰子恺会面。

12 月　　与郭沫若、成仿吾、郑伯奇、蒋光慈等组织联合战线，恢复《创造周报》，并联名发表《创造周报》复刊广告。

劳动大学逮捕和开除共产党及进步学生，鲁迅得知后愤而辞去劳动大学教职，并退回薪水。

作杂文《文学和出汗》《文艺和革命》《谈所谓"大内档案"》等文。发表《在钟楼上》。

往暨南大学演讲，讲题为《文艺与政治的歧途》。

所编《语丝》第 4 卷第 1 期在上海出版发行。1929 年 1 月，该刊由柔石接编。

接受蔡元培之聘，为国民政府大学院的第一批特约撰述员，至 1931 年 12 月结束。

开始以日文本的《马克思读本》为学习文本，教许广平日文。

《唐宋传奇集》上册由上海北新书局出版。

1928 年 （中华民国十七年　戊辰）48 岁

1 月　　所译日本板垣鹰穗的《近代美术史潮论》开始在《北新》半月刊连载，1929 年由北新书局出版单行本，附插图 140 幅。

所译荷兰作家望·蔼覃童话集《小约翰》由未名社出版，为"未名丛刊"之一。

2 月　　往内山书店购买日文版恩格斯《社会主义从空想到科学》。鲁迅本年内陆续购买了许多马列书籍。如列宁《论中国革命问题》、马克思恩格斯《共产党宣言》、恩格斯《婚姻及家庭的发展过程》等。鲁迅在买到《苏俄的文艺政策》后即着手翻译，并于 6 月起陆续将译文发表于同郁达夫合编的《奔流》月刊。

　　在内山书店与日本汉学研究者盐谷温会面。

　　接待司徒乔来访。司徒乔为鲁迅作炭笔速写画像，此画像发表于 1928 年 4 月《良友》画报。

　　《唐宋传奇集》下册由上海北新书局出版。

3 月　　往四川路虹江路角参观司徒乔举办的"乔小画室春季展览会"，鲁迅订购了其中两幅。

　　与许广平等往外滩参观德国 S.SEKIR 小画展览会。

　　作《看司徒乔君的画》《〈示众〉编者注》《在上海的鲁迅启事》等文。

4 月　　作《文艺与革命》等文。

5 月　　应陈望道之邀，往江湾实验中学讲演，题为《老而不死论》（稿佚）。

　　所译日本鹤见祐辅的杂文集《思想·山水·人物》，由北新书局出版。

6 月　　接待陶元庆、钱君匋来访。钱君匋由陶元庆介绍首次与鲁迅相识，共同研究书刊封面的设计印刷等问题。

　　与郁达夫合编的《奔流》月刊在上海创刊，由上海北新书局印行。

7 月   由许钦文陪同，与许广平赴杭州游览、寻购图书。

发表所译俄国尼可莱·叶夫里耶夫杂文《生活的演剧化》，作《复晓真》《复康嗣群》。

8 月   作《文学的阶级性》《革命咖啡店》《〈奔流〉编校后记（三）》等文。

与南社创始人之一、时任上海通志馆馆长的柳亚子结识。柳亚子邀饮于功德林。

9 月   往内山书店购买俄国普列汉诺夫《马克思主义艺术论》日译本。1929 年 10 月翻译完成，1930 年 7 月在上海光华书局作为"科学的艺术论丛书"之一种出版。

发表所译苏联左琴科的短篇小说《贵家妇女》及《译者附记》。译法国查理路易·腓立普小说《食人人种的话》并作《译者附记》。

《朝花夕拾》由未名社出版，列入自编的"未名新集"丛书。

由景云里 23 号移居 18 号。鲁迅的原住所由柔石迁入，两人的交往日渐增多。

10 月   译介国外文艺理论，包括：日本黑田辰男论文《关于绥蒙诺夫及其代表作〈饥饿〉》，日本片上伸的论文《北欧文学的原理》，苏联雅各武莱夫小说《农夫》。

校完《而已集》，由上海北新书局出版。

11 月   应许德珩之邀，往大陆大学讲演，稿佚。内容主要是讲述关于无产阶级文学。

应内山完造之邀，往日本餐馆川久料理店晚餐，席间与日本作家、评论家长谷川如是闲会晤。后于 15 日将《彷徨》《野草》各一本，托内山完造代赠长谷川如是闲。

译苏联理定小说《竖琴》、伦支小说《在沙漠上》、斐定小说《果树园》。

在内山书店预购《世界美术全集》等。

与柔石、崔真吾、王方仁、许广平等创办朝花社。

12 月　与柔石等合编的《朝花》周刊在上海创刊，由朝花社编印发行。鲁迅设计封面并题写刊头。

经柔石介绍与冯雪峰结识，共同商讨马克思主义文艺理论的翻译出版事宜。

发表所译苏联迈斯基的《列夫·托尔斯泰》、苏联李沃夫·罗加切夫斯基的论文《列夫·托尔斯泰》、日本藏原惟人的杂文《访革命后的托尔斯泰故乡记》等。

1929 年 (中华民国十八年 己巳) 49 岁

1 月　为陈学昭赴法国饯行。

译苏联雅各武莱夫中篇小说《十月》、卢那察尔斯基的论文《托尔斯泰之死与少年欧罗巴》。

编选的美术丛刊《艺苑朝华》第一期第一辑《近代木刻选集（1）》出版；美术丛刊"艺苑朝华"第 1 期第 2 辑《蕗谷虹儿画选》出版。

2 月　译完日本片上伸的《现代新兴文学的诸问题》（原书题为《无产阶级文学的诸问题》）。

自景云里第 2 排第 2 幢 18 号迁往同排第一幢 17 号。

3月　　致韦素园信，谈到上海文艺界和出版界不景气的现象。

　　同柔石、崔真吾、周建人及许广平参观日本诗人金子光晴举办的浮世绘展览会。

　　编选的美术丛刊"艺苑朝华"第一期第三辑《近代木刻选集（2）》出版，署名朝花社选印。

4月　　校完所译文艺论文和随笔集《壁下译丛》，由北新书局出版。

　　为"艺苑朝华"第1期第4辑作《〈比亚兹莱画选〉小引》。

　　译完苏联卢那察尔斯基论文集《艺术论》、日本片上伸的论文《新时代的预感》。

　　同柔石及许广平等往施高塔路看日本画家宇留川的个人绘画展览会，购《倒立之演技女儿》一幅。

　　发表所译西班牙巴罗哈小说《往诊之夜》、巴罗哈杂文《面包店时代》、苏联淑雪兼珂短篇小说《波兰姑娘》、俄共中央委员会的决议《关于文艺领域上的党的政策》。

　　出版《近代世界短篇小说集（1）：奇剑及其他》，署上海朝花社编印。

　　所译日本片上伸《现代新兴文学的诸问题》由上海大江书铺出版，为陈望道所编"文艺理论小丛书"之一。

5月　　赴北平探亲，访未名社。

　　往燕京大学国文学会讲演1小时，题为《现今的新文学的概观》。

　　访未名社，遇朝鲜青年金九经，向他详细了解在日本统治下朝鲜的情况。

　　与李霁野等专程往西山疗养院探望青年朋友韦素园。

6 月　　往北京第二师范学院演讲，主要谈了青年的出路问题。

应邀往琉璃厂第一师范学院（即前北京师范大学）演讲。

与柔石等朝花社成员合编的《朝花旬刊》创刊于上海。

译完俄国作家普列汉诺夫的《论文集〈二十年间〉第三版序》。

所译苏联卢那察尔斯基论文集《艺术论》由上海大江书铺出版，署名鲁迅。

8 月　　编译卢那察尔斯基论文选集《文艺与批评》。

接待因参加罢工被捕入狱，身遭毒打，刚出狱不久的殷夫，即自行垫付稿费 20 元以为资助。

译俄国李沃夫·罗加切夫斯基的论文《人性的天才——迦尔洵》。

9 月　　接待许钦文，为购置陶元庆墓地一事出 300 元。

校译许广平译的匈牙利妙伦童话《小彼得》毕，作《〈小彼得〉译本序》。

鲁迅与许广平的儿子周海婴出生，鲁迅买文竹 1 盆，赠许广平。

出版《近代世界短篇小说集(2)》，署上海朝花社编印。

10 月　　译完苏联毕力涅克的短篇小说《苦蓬》。

所编译的苏联卢那察尔斯基论文选集《文艺与批评》由上海水沫书店出版，为"科学的艺术论丛书"之一。

11 月　　译完苏联札弥亚金的短篇小说《洞窟》。

《小彼得》由上海春潮书局出版。

12 月	译完苏联高尔基的短篇小说《恶魔》，并作《译者附记》。

译完苏联高尔基的短篇小说《恶魔》，并作《译者附记》。

往上海暨南大学演讲，题为《离骚与反离骚》。

发表所译俄国李沃夫·罗加切夫斯基的论文《契诃夫与新文艺》。此文专为纪念契诃夫逝世 25 周年而译。

作《我和〈语丝〉的始终》。

首次接待美国女作家史沫特莱来访，之后史沫特莱应鲁迅之约为《萌芽月刊》撰稿，受鲁迅委托购买珂勒惠支的版画，并将鲁迅的作品介绍到美国。

与冯雪峰等商议成立"中国左翼作家联盟"事宜。

1930 年 （中华民国十九年 庚午）50 岁

1 月 与冯雪峰等合编的《萌芽月刊》在上海创刊，鲁迅设计封面，光华书局发行。

在《萌芽月刊》上发表所译苏联作家法捷耶夫长篇小说《毁灭》第一、二部，题为《溃灭》。

译完日本岩崎昶的论文《现代电影与有产阶级》。

作《"硬译"与"文学的阶级性"》。

2 月 作《〈文艺研究〉例言》《文艺的大众化》《〈新俄画选〉小引》等。

出席秘密举行的中国自由运动大同盟成立大会，并作为主要发起人之一，在《中国自由运动大同盟宣言》上签名。后又被选为执行委员。

同柔石、冯雪峰至公啡咖啡馆参加为成立中国左翼作家联盟而秘密举行的筹备会议，到会者有冯乃超等 12 人。

应邀往中华艺术大学演讲《绘画杂论》。

接待冯乃超来访，对"左联"的"宣言"等文件提了意见。

编"艺苑朝华"第 1 期第 5 辑《新俄画选》稿毕。

3 月　　2 日，中国左翼作家联盟成立大会举行，往中华艺术大学出席大会，被推举为执行委员之一。会上发表《对于左翼作家联盟的意见——在左翼作家联盟成立大会上的演说》。

往中华艺术大学讲演 1 小时，题为《革命文学》。

参加中国自由运动大同盟组织的活动，往大夏大学乐天文艺社演讲，题为《象牙塔和蜗牛庐》。

参与《世界文化》月刊的筹办和编辑事务。

参加中国自由运动大同盟组织的活动，往中国公学分院演讲，题为《美的认识》。

因参加中国自由运动大同盟被国民党政府通缉，避居北四川路底施高塔路内山书店的假 3 层楼上。至 4 月 19 日"夜回寓"。

4 月　　接待刚从日本回国的茅盾及陪同前来的叶圣陶。

为《巴尔底山》期刊题写"巴尔底山"刊名。

译完苏联文艺政策论文集《文艺政策》。

5 月　　作《〈进化和退化〉小引》，《进化和退化》系周建人辑译的生物学论文集。

作《鲁迅自传》。

往爵禄饭店，应邀与中共中央宣传部部长李立三会见，共同商讨了当时的革命形势。

校完俄国普列汉诺夫《艺术论》。

自景云里 17 号迁入北四川路公寓（原名拉摩斯公寓）A 三楼 4 号。

接待苏联塔斯社驻上海记者乐维，托他搜集绘画。

往华安大厦银行公会俱乐部参加"左联"第二次全体大会。

所编美术丛刊"艺苑朝华"第一期第五辑《新俄画选》由光华书局出版。

6月 译完苏联卢那察尔斯基剧本《被解放的堂吉诃德》第一幕。

作《〈浮士德与城〉后记》，译《〈浮士德与城〉作者小传》。

7月 参观时代美术社展览会，捐1元，展览内容是苏联革命美术图片。

接待许寿裳及其长子许世瑛来访，并为许世瑛开列研习中国传统文化的书单。

所译俄国普列汉诺夫《艺术论》由上海光华书局出版，为"科学的艺术论丛书"之一。

8月 往夏期文艺讲习会讲演1小时，稿佚，内容为文艺理论问题。

出席内山完造举办的"上海漫谈会"。会后，在功德林餐馆照相并晚餐。

译完苏联雅各武莱夫中篇小说《十月》。

9月 参加编辑的"左联"机关刊物之一《世界文化》月刊创刊于上海。该刊是以宣传马克思主义文艺理论，报道国内外革命文化动态为主要内容的综合性杂志。仅出1期即被查禁。

捐"左联"50 元，借予现代学艺讲习所 60 元。

校完《静静的顿河》，译《〈静静的顿河〉作者小传》。

出席左翼团体所办鲁迅 50 岁生日祝寿会，会场在法租界吕班路（今重庆南路）50 号荷兰西菜室。与许广平携海婴同往，柔石主持，"左联""社联"等代表致辞，鲁迅致答词，由史沫特莱为鲁迅摄影。

同许广平携海婴往阳春堂照相 3 帧。

10 月　　与内山完造同办世界版画展览会，地址为上海北四川路狄思威路（今溧阳路 812 号）日侨商场"购买组合"第一店二楼，共展出两天。此为国内第 1 次版画插图专题展。

11 月　　修订《中国小说史略》毕，并作《题记》，这次是该书第 9 次再版，作了较大的修订。

12 月　　校完苏联伊凡诺夫的中篇小说《铁甲列车 Nr.14—69》。

鲁迅在这段时间大量搜求美术书籍，购书量超过文史书籍的三分之一，以促进中国木刻艺术的兴起。

1931 年 (中华民国二十年　辛未) 51 岁

1 月　　作《〈毁灭〉后记》《关于〈唐三藏取经诗话〉的版本》。

鲁迅获悉柔石等人被捕、国民党当局要搜捕自己的消息后烧掉朋友们的信札。在内山完造的帮助之下，携眷移居日本人开设的花园庄旅馆避难，住了 39 天，2 月 28 日返回寓所。

2 月　　自费印成《梅斐尔德木刻士敏土之图》250 部。

为赎黄后绘（据孙用推测为黄素），捐款 100 元，鲁迅此举可能是为了赎出黄素，也可能是经黄素之手为了赎柔石等人。

知晓柔石等 24 位革命者于 2 月 7 日被秘密活埋或枪杀于上海龙华警备司令部，写成七律一首："惯于长夜度春时，挈妇将雏鬓有丝。梦里依稀慈母泪，城头变幻大王旗。眼看朋辈成新鬼，怒向刀边觅小诗。吟罢低眉无写处，月光如水照缁衣。"1933 年柔石等逝世两周年时，此诗录入《为了忘却的记念》。

3 月　　校阅山上正义所译《阿 Q 正传》，山上正义的这个译本于本年 10 月 5 日由日本四六书院出版，书名作《小说集〈阿 Q 正传〉》，署"鲁迅著　林守仁译"（林守仁为山上正义的笔名）。此书是为纪念"左联"五烈士而专门出版的，除了《阿 Q 正传》外，另收胡也频、柔石、冯铿等人的作品，是日本的革命文艺界为纪念"左联"五烈士、支援中国无产阶级文学运动而编印的重要文集。

为日本剧评家升屋治三郎作诗一首、为内山完造的养女内山松藻作《无题》、为松元三郎作《湘灵歌》。

4 月　　编校孙用投寄《奔流》的匈牙利裴多菲长诗《勇敢的约翰》译稿，为之精心选择插图，设计排印版式，垫付译者稿费，并作《校后记》。

邀请增田涉、内山完造及其夫人晚餐。增田涉于1931 年 3 月来到上海，由内山夫妇介绍与鲁迅认识，直接向鲁迅请教有关《中国小说史略》《呐喊》《彷徨》和他的杂文、散文中的问题，准备从事翻译。鲁迅每天下午花 3—4 个小时用日语授课，达 3 个月之久。增田涉在翻译和宣传鲁迅著作，促进中日文化交流上作出了积极贡献，日文译本《中国小说史略》由鲁迅作序，于1935年7月由日本赛棱社出版。

编定《前哨》创刊号（"纪念战死者专号"），题写《前哨》刊名。携眷与冯雪峰全家摄影留念。

往东亚同文书院日语演讲，题为《流氓与文学》。

发表《中国无产阶级革命文学和前驱的血》《柔石小传》，载《前哨》创刊号。

5月　与增田涉等往观第4回"申羊会洋画展览会"。

作《一八艺社习作展览会小引》，赞扬这次展览的作品"以清醒的意识和坚强的努力，在榛莽中露出了日见生长的健壮的新芽"。

6月　与许广平、增田涉等往戏院观看联华歌舞团的歌舞，没有看完就离开，转赴一八艺社展览会参观。

同增田涉往上海艺术专科学校观学期成绩展览会。

同增田涉、许广平往日本人俱乐部，观日本水彩画画家太田贡、版画家田坂乾吉郎作品展览会，及另一日本画家木村响泉个人展览会。

往妇女之友会演讲，稿佚。

7月　往社会科学研究会演讲，题为《上海文艺之一瞥》。

接待冯雪峰和丁玲来访。当时"左联"决定创刊《北斗》，由丁玲负责。她希望《北斗》能登载插图，冯雪峰告诉她可以请鲁迅帮助，于是两人便一道来访。鲁迅特别推荐珂勒惠支的木刻作品《牺牲》，答应为这张画写说明，给《北斗》创刊号。

8 月　　校订《铁流》译稿完毕，为了帮助读者更好地理解，特约瞿秋白翻译涅拉陀夫的序文。

寄柔石同乡王育和 100 元，托其转交柔石遗孤，以资接济。

17 日至 22 日，举办暑期木刻讲习班，讲习会结束后同内山嘉吉和全体学员照相留念，此为中国新兴木刻运动的开端。

发表所译德国路特威锡·棱的杂文《世界无产阶级革命作家对中国白色恐怖及帝国主义干涉的抗议》、奥地利翰斯·迈伊尔的诗《中国起了火》，译苏联 L. 绥甫林娜的短篇小说《肥料》。

23 日、24 日，同许广平、周建人等往山西大戏院观电影《哥萨克》两遍。

9 月　　为了纪念柔石等"左联"五烈士，《北斗》杂志创刊号刊发珂勒惠支的木刻作品《牺牲》及鲁迅所撰说明。这是介绍到中国来的第一幅珂勒惠支版画。

就九一八事变作《答文艺新闻社问》。

所译《毁灭》由上海大江书铺出版。

10 月　　作《〈铁流〉编校后记》，《铁流》是曹靖华翻译、瞿秋白作序、鲁迅编校，"尽三人的微力而成"，"使她在读者眼前开出了鲜艳而铁一般的新花"。

以三闲书屋的名义再版《毁灭》，译者改署鲁迅。

鲁迅著、林守仁译《中国小说集〈阿 Q 正传〉》，由日本东京四六书院出版，除《阿 Q 正传》外，该书另收"左联"五烈士作品。

11月　　《铁流》由三闲书屋出版，为神州国光社"现代文艺丛书"之一。

12月　　主编的"左联"刊物《十字街头》第一期出版。

1932年（中华民国二十一年 壬申）52岁

1月　　作旧体诗《无题》，书赠日本东京女子大学教授高良富子。

　　　　日本帝国主义侵略上海的"一·二八事变"爆发，鲁迅所居的四川北路一带临近战区，全家往内山书店暂避战火。

2月　　与茅盾、叶圣陶、胡愈之等43人联名发表《上海文化界告世界书》，抗议日本帝国主义侵略上海的暴行。

　　　　在内山完造的帮助下，鲁迅和周建人两家迁避上海三马路英租界内山书店支店。

4月　　谢绝内山完造、佐藤春夫、增田涉等人赴日小住的邀请。

　　　　开始编《三闲集》和《二心集》，并作《序言》。

　　　　校阅林克多的《苏联闻见录》，并作《林克多〈苏联闻见录〉序》。

　　　　作《鲁迅译著书目》。

　　　　在寓所接待瞿秋白和夫人杨之华。这是鲁迅和瞿秋白的第一次会面。

5月　　致增田涉信，批评日本汉学家盐谷温宣扬"满洲国"

以孔孟之道立国的说法。

被美国约翰·李特俱乐部举行的全国代表大会推举为主席团名誉委员。同时被推举为名誉委员的，还有高尔基、古久里等人。

6 月　　前往瀛寰图书公司观看德国版画展览会，鲁迅出借收藏版画作品给该画展参与展出。

同许广平携海婴往青年会观春地美术研究所展览会，买木刻 10 余枚，并捐款 5 元。

7 月　　与茅盾、陈望道、郁达夫等 36 人联名致电国民党政府，要求释放牛兰夫妇。

接待上海《中国论坛》主编伊罗生。

秘密会见红军将领陈赓。倾听陈赓谈红军反击国民党"围剿"的战斗，谈话过程中陈赓手绘一幅简要的鄂豫皖根据地形势图，为鲁迅珍藏。

8 月　　致许寿裳信，托他转请汤尔和营救以"共产党嫌疑"被当局逮捕的孔另境。孔另境在被关百日后交保释放。

捐左翼美联领导下的艺术团体野风社 20 元。

9 月　　同许广平携海婴往访瞿秋白夫妇，在他家里午餐。

作《〈竖琴〉前记》《〈竖琴〉后记》《〈一天的工作〉前记》。

译完雅各武莱夫的《穷苦的人们》等文。

与茅盾、曹靖华等 7 人联名发表《高尔基的四十年创作生活——我们的庆祝》。

《三闲集》由上海北新书局出版。

| 10月 | 为柳亚子书一诗："运交华盖欲何求，未敢翻身已碰头。旧帽遮颜过闹市，破船载酒泛中流。横眉冷对千夫指，俯首甘为孺子牛。躲进小楼成一统，管他冬夏与春秋。" |

作《论"第三种人"》。

往江湾路野风画会演讲，题为《美术上的大众化与旧形式利用问题》。

《二心集》由上海合众书店出版。

| 11月 | 离沪北上探亲。 |

赴北京大学、辅仁大学、女子文理学院、北京师范大学、中国大学等校演讲。

与北平左翼文化团体的人士见面，谈了许多上海"左联"的情况。

接待瞿秋白、杨之华到北四川路公寓避难，鲁迅同他们一起住了近一个月。

| 12月 | 作《辱骂和恐吓决不是战斗》《祝中俄文字之交》《答客诮》等。 |

编选《鲁迅自选集》。

与柳亚子、茅盾等57人联名发表《中国著作家为中苏复交致苏联电》。

时任全国总工会党团书记的陈云来到鲁迅家中，将瞿秋白夫妇接出。

1933 年 (中华民国二十二年 癸酉) 53 岁

| 1月 | 作《听说梦》《赠画师》《逃的辩护》等文。 |

为许寿裳书《无题》（"惯于长夜过春时……"）。

加入中国民权保障同盟会议，后被选为上海分会执行委员之一。

接待郁达夫来访。

与柔石、曹靖华合译的苏联短篇小说集《竖琴》由上海良友图书印刷公司出版，为"良友文学丛书"之一。

2月　向郑振铎建议合作自费编印《北平笺谱》。由郑振铎负责采集北京地区笺纸，鲁迅负责编订。分人物、山水、花鸟等6册笺纸332种，由北平荣宝斋翻刻，1933年12月印成。

作《为了忘却的记念》《〈萧伯纳在上海〉序》等文。

赴宋庆龄寓所参加中国民权保障同盟欢迎英国作家萧伯纳的午餐会。出席者有萧伯纳、宋庆龄、蔡元培、鲁迅、伊罗生、史沫特莱、杨杏佛、林语堂等。饭毕照相二帧。

日本无产阶级作家小林多喜二于本月20日被日本当局逮捕并毒打致死。噩耗传出后，鲁迅和左联成员一起，向日本政府发出抗议书，并撰写唁电，作《闻小林同志之死》。

3月　为瞿秋白夫妇选定东照里的租屋，之后几乎每天到东照里来看望瞿秋白，谈论政治、时事、文艺各方面的事情。

作《从讽刺到幽默》《我怎么做起小说来》等文。

与瞿秋白合编的《萧伯纳在上海》由野草书屋出版。所编选的苏联短篇小说集《一天的工作》由上海良友图书印刷公司出版，列为"良友文学丛书"之一。《鲁迅自选集》由上海天马书店出版。

在狄思威路（今溧阳路），以内山书店职员镰田诚一的名义租了一个房间作为藏书室，包括马列著作在内的主要藏书皆存于此室。

往中央研究院出席中国民权保障同盟会议，讨论营救廖承志等人事宜。

为柔石照片、诗稿《秋风从西方来了》以及为纪念柔石的版画《牺牲》写说明文字。

4 月　　作《现代史》《"以夷制夷"》《言论自由的界限》等文。

迁入施高塔路（今山阴路）大陆新村 9 号。

《两地书》由上海北新书局以"青光书局"名义出版。

5 月　　与宋庆龄、蔡元培、杨杏佛等赴上海德国领事馆递交《为德国法西斯压迫民权摧残文化的抗议书》，以中国民权保障同盟名义，抗议德国希特勒法西斯政权残杀无辜、摧残文化的暴行。

作《〈守常全集〉题记》，称赞李大钊"他的遗文却将永住，因为这是先驱者的遗产，革命史上的丰碑"。为公葬李大钊捐 50 元。

应斯诺请求，同姚克往大马路照相，用于小说集《活的中国》的出版。

与许广平赴大光明戏院欣赏上海工部局乐团音乐会。

6 月　　作《悼丁君》《又论"第三种人"》等文。

获悉中国民权保障同盟总干事杨铨于上午被国民党特务暗杀于上海法租界亚尔培路，悲愤交加，同许寿裳往万国殡仪馆送杨铨入殓，并作《悼杨铨》。

7 月	作《我谈"堕民"》《序的解放》等文。

接待瞿秋白夫妇。瞿秋白夫妇在搬出日照里之后，因党的机关被敌人发觉，于仓促间又到鲁迅家中避难，鲁迅冒极大的风险接待他们在家里住了一段时间。

瞿秋白编选并作序的《鲁迅杂感选集》由上海北新书局以"青光书局"名义出版。

8 月	作《中国的奇想》《上海的少女》等文。

与茅盾、胡愈之、田汉、叶绍钧、郁达夫、周扬等105人共同署名，在《大美晚报》上发表《欢迎巴比塞代表团启事》。

与茅盾、田汉在《中国论坛》8月号发表《欢迎反战大会国际代表的宣言》，欢迎世界反帝反战大同盟远东会议在上海召开。

9 月	在"世界反对帝国主义战争委员会远东会议"召开

之前，在伊罗生寓所会晤法国代表、共产党员、《人道报》主编瓦扬·古久里。请他在自己收藏的古久里著作Hans—Ohne-Brot（《汉斯·奥恩·布罗特》）的德译本上签名。

为庆祝53岁（虚岁）生日，邀请冯雪峰夫妇及其孩子午餐。

楼适夷在北四川路内山书店的期刊门市部被跟踪的特务秘密抓走，鲁迅获悉后设法营救。

与毛泽东、朱德、高尔基等被世界反帝大同盟远东会议推为主席团名誉主席。

作《男人的进化》《同意和解释》等文。

10月　　　作《关于妇女解放》《〈解放了的堂吉诃德〉后记》《〈北平笺谱〉序》等文。

往上海美术专门学校观 MK 木刻研究社第 4 次展览会，选购木刻 6 幅。

《伪自由书》由上海北新书局以"青光书局"名义出版。

12月　　　应古久里妻子法国《观察》（《Vu》）记者绮达·谭丽德之邀，请陈铁耕为"革命的中国之新艺术"展收集"中国左翼作家的绘画"，该展后法国和苏联展出。

应日本大阪《朝日新闻》之约，作《上海所感》。作《家庭为中国之基本》《〈南腔北调集〉题记》等。

为中共地下党员葛琴的短篇小说集《总退却》作序。

在北四川路的咖啡馆同成仿吾会见，并让成仿吾与瞿秋白、冯雪峰取得联系。

与郑振铎合编的《北平笺谱》出版。

1934 年 （中华民国二十三年　甲戌） 54 岁

1月　　　瞿秋白离开上海去江西中央革命根据地工作，到鲁迅寓所叙别，并将《乱弹》文稿、书桌交给鲁迅保存。鲁迅当夜让床铺给瞿秋白安睡，自己睡在地板上。

作《女人未必多说谎》《"京派"与"海派"》《北人与南人》等文。

寄苏联木刻家亚力舍夫等人信并木版顾恺之画《列女传》《梅谱》《晚笑堂画传》，石印《历代名人画谱》《耕织图题咏》《圆明园图咏》各 1 本，共 17 本。

以中国左翼青年木刻家新作 58 幅寄绮达·谭丽德。

这些版画汇集为"革命的中国之新艺术"展览，于1934年3月14日在巴黎开幕，展期半个月。

接待郑振铎来访，就《十竹斋笺谱》翻印交换意见。

2月　应内山及其夫人邀请"往歌舞伎座观志贺乃家淡海剧团演剧"，这是日本的表演讽刺话剧的剧团。

与增田涉通信并赠《北平笺谱》一函。

3月　作《答国际文学社问》《〈准风月谈〉前记》等文。

作《〈草鞋脚〉小引》，《草鞋脚》是现代中国作家的短篇小说集，应中英文合刊《中国论坛》的主编伊罗生之托，由鲁迅和茅盾先生选出，伊罗生译成英文。

所编《南腔北调集》由上海联华书店以"同文书局"名义出版。

编选的苏联版画《引玉集》以"三闲书屋"名义出版。

以《北平笺谱》一部寄苏联木刻家协会。

4月　为韦素园撰写碑文。

作《"小童挡驾"》《法会和歌剧》《古人并不纯厚》等文。

5月　作《论"旧形式的采用"》《连环图画琐谈》《看图识字》等文。

会晤日本僧人铃木大拙一行人。本年10月铃木大拙赠鲁迅《中国佛教印象记》。铃木大拙为佛教禅学在西方的传播作出了巨大贡献。

作旧体诗《无题》："万家墨面没蒿莱，敢有歌吟动地哀。心事浩茫连广宇，于无声处听惊雷。"

为编印《木刻纪程》致罗清桢信，向他借木刻原版用于印刷。本年内中国现代创作木刻选集《木刻纪程（一）》以铁木艺术社名义出版。

《唐宋传奇集》合成一册，由联华书局再版。

6月　　拟《〈引玉集〉出版广告》。提到："今为答作者之盛情，供中国青年艺术家之参考起见，特选出五十九幅，嘱制版名手，用玻璃版精印，神采奕奕，殆可乱真，并加序跋，装成一册，定价低廉，近乎赔本，盖近来中国出版界之创举也。"

致郑振铎信，对上海文坛所谓"批评家"及林语堂等人提倡"小品文"给了一针见血的批评。

作《拿来主义》《论重译》等文。

致台静农信，谈到准备编印德国版画集和汉唐画像的心愿，并委托他搜集汉唐画像拓片。

与黎烈文、茅盾等在寓所进餐，商量创办《译文》的问题。

接待姚克来访。姚克带来斯诺夫妇给鲁迅的信，信中请鲁迅授权他们在美国译印他的作品，鲁迅"即写付作品翻译及在美印行权证一纸"。

拟出版苏联版画选集，致曹靖华信，托他代寻苏联文学书籍的插画。

7月　　与茅盾联名致伊罗生信，就伊罗生关于编选中国短篇小说选集的选文问题作了答复。

作《忆韦素园君》，赞扬他为中国介绍外国文艺的勤恳踏实的作风，抒发了自己对亡友的真挚深沉的感情。

编选中国现代木刻选集《木刻纪程》，并作"小引"，在这篇"小引"中概述了我国新兴木刻发展的过程，说明了编印本书的目的"本集即愿作一个木刻的路程碑"。

收到内山嘉吉寄来和光学园绘画 1 本及其学生所作木刻 43 枚。

作《〈母亲〉木刻画序》。《〈母亲〉木刻画》是苏联青年版画家亚历克舍夫为高尔基的小说《母亲》所作的插画集，共 14 幅。鲁迅赞扬这本木刻集："生动，有力，活现了全书的神采。便是没有读过小说的人，不也在这里看见了黑暗的政治和奋斗的大众吗？"

译毕俄国果戈理的小说《鼻子》。对果戈理及其小说《鼻子》作了简要介绍，说果戈理是"俄国写实派的开山祖师"。

作《难行和不信》《再论重译》等文。

8 月　　作《忆刘半农君》，赞扬他在"五四"新文化运动中"活泼，勇敢，很打了几次大仗"。

作《答曹聚仁先生信》《门外文谈》《汉字和拉丁化》《非攻》等文。

带病编辑《译文》创刊号，并作《〈译文〉创刊前记》。

于千爱里接待李霁野来访。本年 7 月 26 日台静农于北平被国民党当局逮捕，李霁野专此自津抵沪与鲁迅商量，鲁迅同意致函蔡元培设法营救，台静农后于 1935 年 1 月获释。

9 月　　同茅盾等出席陈望道在东亚酒店举行的晚宴，商讨创办《太白》半月刊。

作《中国人失掉自信力了吗》《"莎士比亚"》等文。

给世界语社捐款，对世界语运动予以支持。

鲁迅、茅盾、黎烈文等筹办的《译文》月刊创刊，由上海生活书店出版。

编出《译文》月刊第 2 期稿。

10 月　　所编辑的《木刻纪程（一）》以铁木艺术社名义出版，计收木刻 24 幅。是为第一本中国现代木刻作品专集。

与茅盾出席文学社在南京路饭店公饯巴金的宴席，同席 8 人。席上谈了文学杂志、国民党的宣传方法等议题。

同内山夫妇及许广平携海婴往日本人俱乐部观日本画家堀越英之助的洋画展览会。

为出版苏联版画集，委托曹靖华给苏联木刻家克拉甫兼珂、冈察罗夫写信。

与茅盾前往上海疗养院访问史沫特莱，史沫特莱赠予鲁迅《中国人的命运》俄译本 1 本。

应吴朗西邀宴于梁园饭店，出席者有茅盾等 10 人。席间吴朗西为《漫画生活》向鲁迅等约稿并征求意见。

作《势所必至，理有固然》《运命》《脸谱臆测》等文。

杂文集《二心集》因被国民党审查机关删掉多篇，合众书店将删存部分改名《拾零集》出版。

11 月　　致萧军、萧红信，答复有关大众语和文学创作等问题。

作《答〈戏〉周刊编者信》《寄〈戏〉周刊编者信》，谈了对据小说《阿 Q 正传》改编剧本的意见。

译俄国契诃夫的小说《假病人》《簿记课副手日记抄》《那是她》，合为《奇闻三则》。译文是从德译本转译的。

应曹靖华之请，为其父曹培元作《河南卢氏曹先生教泽碑文》。

在内山书店同萧红、萧军会晤。向他们介绍上海文坛情况，并将 20 元钱交给他们以支持两人创作与生活。

12月　　致孟十还信，认为中国也应该译印一部果戈理选集，提到了编选设想："1.《Dekanka 夜谈》；2. Mirgorod；3. 短篇小说及 Arabeske；4. 戏曲；5 及 6.《死灵魂》"。

作《关于新文字》《病后杂谈》等文。

题《芥子园画谱》赠许广平，诗曰："十年携手共艰危，以沫相濡亦可哀；聊借画图怡倦眼，此中甘苦两心知。"

致山本初枝信，谈论日本的诗歌集《万叶集》中的语汇问题。

杂文集《准风月谈》由联华书局以"兴中书局"名义出版。

在梁园豫菜馆宴请萧军、萧红、聂绀弩夫妇、叶紫、茅盾等人。引荐萧红、萧军与上海的左翼作家群认识，以帮助两人的文学发展。

致赵家璧信，讨论关于编选《新文学大系》的问题。《中国新文学大系》编辑设想是希望把 1917—1927 年关于新文学理论的发生、宣传、争执，以及小说、散文、诗、戏剧主要方面所尝试得来的成绩，整理、保存、评价，1935 年至 1936 年间由上海良友图书公司出版，鲁迅编《小说二集》。

与郑振铎合作重印的《十竹斋笺谱》第一卷由北平荣宝斋出版。

译西班牙作家 P. 巴罗哈的小说《促狭鬼莱哥兑台奇》，并作《译者附记》。

1935 年 (中华民国二十四年 乙亥) 55 岁

1 月　翻译苏联作家 L. 班台莱耶夫童话《表》。

致郑振铎信，对郑振铎因受排挤而要离开北平一事谈了看法。因郑振铎欲辞燕京大学教务而另找工作，特致函许寿裳，托为联系。

应良友图书印刷公司赵家璧、郑伯奇、马国亮之邀，同刚从杭州前来的郁达夫、王映霞等人前往北四川路味雅菜馆午餐，商讨《新文学大系》的编辑出版工作。

译俄国契诃夫的小说《坏孩子》《暴躁人》，并作《〈奇闻二则〉译后附记》。

与段干清、唐诃、赖少其、张影通信探讨新兴木刻的问题，鼓励青年的创作。

与郑振铎、茅盾至冠珍酒家夜饭，商量筹办《世界文库》。

重订《小说旧闻钞》毕，并作《〈小说旧闻钞〉再版序言》。回顾《小说旧闻钞》的成书过程，说明再版的缘由。

编选《中国新文学大系·小说二集》。

2 月　致李桦信。就木刻创作的内容、技巧和承继中外美术遗产等问题，提出："所以我的意思，是以为倘参酌汉代的石刻画像，明清的书籍插画，并且留心民间所赏玩的所谓'年画'，和欧洲的新法融合起来，许能够创出一种更好的版画。"

致孟十还信，建议他译科洛连柯和俄国讽刺作家萨尔蒂珂夫的小说。

开始翻译果戈理的小说《死魂灵》（第一部）第一、二章，至 3 月 12 日译讫。

3月　　　作《〈中国新文学大系〉小说二集序》。载上海良友图书印刷公司 1935 年 8 月初版《中国新文学大系·小说二集》，文中对五四运动以来中国新文学运动最初 10 年间《新青年》《新潮》《弥洒》《浅草》《沉钟》《晨报副刊》《京报副刊》《现代评论》《莽原》"狂飙社""未名社"等刊物、社团的创作主张及其部分作家作品的创作倾向、特点，作了深入、全面的评价，回顾并肯定了废名、冯沅君、王鲁彦、黄鹏基、尚钺的文学工作。该文是重要的中国新文学小说评论著作。

作《内山完造作〈活中国的姿态〉序》《"寻开心"》等文。

译完俄国契诃夫的短篇小说《难解的性格》《波斯勋章》《阴谋》3 篇。

校阅徐梵澄译的《尼采自传》毕。

4月　　　应镰田寿之请为其弟内山书店店员镰田诚一写碑铭，这是鲁迅先生为日本友人写的唯一的一个碑铭。

作《"文人相轻"》《"京派"和"海派"》等文。

5月　　　作《论"人言可畏"》，就媒体热衷于张扬女性丑闻，促使电影演员阮玲玉自杀进行批判。指出，阮玲玉说"人言可畏"，正说明她的自杀"和新闻记事有关"。

《集外集》由上海群众图书公司出版。此书由杨霁云编，收入鲁迅自 1903 至 1933 年间各文集中未收或被禁删的作品，经鲁迅校订，并作序言。

6月　　　作《〈全国木刻联合展览会专辑〉序》《文坛三户》《从帮忙到扯淡》等文。

译完罗马尼亚作家索陀威奴的短篇小说《恋歌》。

为增田涉译《中国小说史略》日文本作序，提到："现在盐谷教授的书早有中译，我的也有了日译，两国的读者，有目共见，有谁指出我的'剽窃'来呢？呜呼，'男盗女娼'，是人间大可耻事，我负了十年'剽窃'的恶名，现在总算可以卸下，并且将'谎狗'的旗子，回敬自称'正人君子'的陈源教授。"

致曹靖华信，谈收集瞿秋白文稿事。

致山本初枝信，提到对藤野先生的挂念。

日本佐藤春夫与增田涉合译的《鲁迅选集》由日本东京岩波书店出版。

7月　作《名人和名言》《"靠天吃饭"》等文。

为支持中文拉丁化研究会出版书刊，捐款 30 元。

所译荷兰作家望·蔼覃的小说《表》由上海生活书店出版。

所编《中国新文学大系·小说二集》由良友图书印刷公司出版。

与许广平参加许寿裳长女许世瑍与汤兆恒的婚礼。

8月　接待王钧初（胡蛮）来访。王为祝贺鲁迅 55 岁寿辰，作油画《读〈呐喊〉图》一幅赠予鲁迅。此图现藏上海鲁迅纪念馆，陈列于鲁迅故居。

应郑振铎邀请，与许广平携海婴出席其家宴，哀悼瞿秋白牺牲，商议给他出书，以扩大革命影响。后编辑为《海上述林》。

从日文转译的高尔基《俄罗斯的童话》由上海文化生活出版社出版，列为"文化生活丛书"第三种，作《〈俄罗斯的童话〉小引》并作广告。

托黄源以200元从现代书局赎回瞿秋白译稿《高尔基论文集》和《现实——马克思主义论文集》两部，准备整理出版。

9月　译保加利亚作家伐佐夫的短篇小说《村妇》。

致郑振铎信，谈关于编印瞿秋白译文事。提到："现集稿大旨就绪，约已有六十至六十五万字，拟分二册，上册论文，除一二短篇外，均未发表过，下册为诗，剧，小说之类，大多数已曾发表。"

作《给〈译文〉编者订正的信》等文。与茅盾合撰《〈译文〉终刊号前记》。

应黄源邀至南京饭店赴宴，商量《译文丛书》出版事宜。

将所译契诃夫的8篇短篇小说编为一集，定名为《坏孩子和别的奇闻》。

所著《门外文谈》由天马书店出单行本，列为"天马丛书"第五种。

10月　同吴朗西、巴金主持的文化生活出版社签订了"译文社丛书"的合同。与孟十还谈《译文丛书》出版计划。

应日本朝日新闻支社社长仲居之邀，至六三园赴午宴，同席有野口米次郎、内山完造。席间，野口米次郎提出由日本替中国管理军事政治的荒谬主张，鲁迅当即给予严正驳斥。

开始编辑瞿秋白的译文集《海上述林》。

校阅《死魂灵》第一部。

会晤为考察中国社会情况来华的日本社会学家圆谷

弘教授。圆谷弘赠以自著《集团社会学原理》1本，鲁迅以《中国小说史略》回赠。

11 月　　与许广平往金城大戏院观看上海业余剧人协会演出的果戈理戏剧《钦差大臣》。

致孟十还信，托购《死魂灵一百图》，以备将来翻印。

应苏联驻上海总领事馆之邀，全家出席为庆祝苏联十月革命 18 周年而举办的招待会，观看了电影《夏伯阳》。出席者还有宋庆龄、茅盾、何香凝、黎烈文、郑振铎、史沫特莱等。谢绝史沫特莱邀请其去苏联游历并疗养的邀请。

作《萧红作〈生死场〉序》，称赞"叙事和写景，胜于人物的描写，然而北方人民的对于生的坚强，对于死的挣扎，却往往已经力透纸背；女性作者的细致的观察和越轨的笔致，又增加了不少明丽和新鲜"。

应日本三笠书房之约，为其出版的《陀思妥夫斯基全集》作序《陀思妥夫斯基的事》。

作《理水》。

接到方志敏生前托人辗转交来请他转给中共中央的信和狱中所著《可爱的中国》《清贫》等文稿。于次年 5 月交冯雪峰，由冯雪峰转呈中共中央。

所译果戈理长篇小说《死魂灵》第一部由上海文化生活出版社出版，列为"译文丛书"的《果戈理选集》之一。

12 月　　开始校阅已编成的瞿秋白译文集《海上述林》（上卷《辨林》）。

与曹靖华通信谈论"一二·九"抗日爱国运动。

作《论新文字》《采薇》《出关》《起死》等文。

编定《故事新编》，并作《序言》。

编定《花边文学》，并作《序言》。

编定《且介亭杂文》《且介亭杂文二集》，并作《序言》及《附记》。

在瓦窑堡召开的西北抗日救国代表大会上，与宋庆龄、蔡廷锴、毛泽东、朱德等同被举为名誉主席。

1936 年 （中华民国二十五年 丙子） 56 岁

1 月　与周文、聂绀弩等合编的《海燕》月刊出版。

《故事新编》由上海文化生活出版社出版。

与北平东北大学边政系学生、中共地下党员陈锐见面长谈，深切关心抗日救亡运动，详细询问了北平"一二·九""一二·一六"两次示威游行和学生被捕的情况，并主动送给他 50 元旅费。

托黄源交文化生活出版社 300 元，为印《死魂灵一百图》之用。

得曹靖华作《〈城与年〉大略》，即着手编辑《〈城与年〉插图本》，并根据曹靖华的说明，为 27 幅插图作题词，以纪念插图作者。

2 月　致增田涉信，对有些日本人在与自己的交往中不信守诺言表示嫌恶，对于野口米次郎和长与善郎在会见后写的《和鲁迅的对话》，鲁迅认为文章歪曲事实，提出了严厉的批判。

致黄源信，重申不同意把《译文》交黎明书局出版的意见。在这以前，因黎明书局曾出版希特勒《我的奋斗》及《希特勒与新德意志》《法西斯主义与新意大利》等反动书籍，鲁迅向黄源表示："《译文》与其污辱而复生，不如先前的光明而死。"

应黄源之邀,赴宴宾楼夜饭。同席者有茅盾、黎烈文、巴金、吴朗西、黄源、胡风、萧军和萧红共 9 人,决定《译文》由上海杂志公司出版,由鲁迅写《复刊词》。

与许广平携海婴往八仙桥青年会参观苏联版画展览,订购木刻 3 幅,共 20 美元。后苏联驻中国大使鲍格洛莫夫将鲁迅所定购的版画连同镶好的镜框一起赠送,并请史沫特莱送交鲁迅。

和茅盾联名致电中国共产党中央委员会祝贺长征胜利并东征抗日:"在你们身上,寄托着人类和中国的未来。"

3 月　　　作《〈城与年〉插图本小引》《白莽作〈孩儿塔〉序》《〈海上述林〉上卷序言》等文。

4 月　　　编辑瞿秋白《海上述林》(下卷)。

与从延安到达上海的冯雪峰会晤,冯雪峰向鲁迅谈了许多关于红区、长征、当时政治形势和党的新政策的事。

作《我的第一个师父》《写于深夜里》《〈海上述林〉下卷序言》等文。

往良友图书印刷公司编辑部,为《苏联版画集》选定版画。

5 月　　　致徐懋庸信,指出解散左翼作家联盟一事并未善始善终地互相讨论决定。

致李霁野信,辞撰写自传,也不赞成别人为自己作传:"我是不写自传也不热心于别人给我作传的,因为一生太平凡,倘使这样的也可作传,那么,中国一下子可以有四万万部传记,真将塞破图书馆。我有许多小小的想头和言语，时时随风而逝，固然似乎可惜，但其实，亦不过小事情而已。"

翻译果戈理《死魂灵》第二部第三章。

接见《救亡情报》记者陆诒，就抗日救亡运动和文化界联合战线问题发表了意见。

接受埃德加·斯诺采访。在访谈中表示，"新现实主义"是现代文学史上最重要的运动，新现实主义的作家绝大多数是左翼的，茅盾、沙汀、周文、柔石等是其中最优秀的成员。鲁迅还对数十名现代作家的思想和创作发表了意见，包括丁玲、萧红、叶灵凤、戴望舒等，并谈论了"第三种人"、新文字小说、国外文学的翻译情况等问题。关于外国文学思想，鲁迅提出："我们必须迅速向前发展，把当今世界上具有最大价值的东西统统拿过来。"

编《凯绥·珂勒惠支版画选集》，以上海三闲书屋名义自印出版。

为纪念瞿秋白所编的《海上述林》上卷，以"诸夏怀霜社校印"名义自印出版。

6月　　病重，往福民医院拍摄胸部 X 片，经美国肺病专家邓医生诊断为晚期肺结核。

得宋庆龄吁请入院治疗信。宋在信中写道："我恳求你立即进医院去医治！因为你迟延一天，你的生命便增加一天的危险！你的生命并不是你个人的，而是属于中国和中国革命的！！为着中国和中国革命的前途，你有保存、珍重你身体的必要，因为中国需要您，革命需要您！"

审定《答托洛斯基派的信》，严正地痛斥托派："你们的高超的理论，将不受中国大众所欢迎，你们的所为有背于中国人现在为人的道德。"

与巴金、黎烈文等 78 人联名发表《中国文艺工作者宣言》。

口述《〈苏联版画集〉序》，由许广平记录。说苏联版画展览会"对于中国给了不少的益处；我以为因此由幻想而入于脚踏实地的写实主义的大约会有许多人"。

《花边文学》由上海联华书局出版。

7 月　　致母亲信，陈述病情甚详，让母亲放心。

为萧红赴日本饯行。

应捷克汉学家雅罗斯拉夫·普实克之邀，为《呐喊》捷克译本作序，文中说："人类最好是彼此不隔膜，相关心。然而最平正的道路，却只有用文艺来沟通，可惜走这条道路的人，历来又少得很。"

所编《苏联版画集》由上海良友图书印刷公司出版。

8 月　　作《答徐懋庸并关于抗日统一战线问题》，重申拥护中国共产党提出的抗日统一战线政策，为建立有战斗力的文艺界抗日统一战线提出建议。

9 月　　作《死》，谈论了各种生死观，其中拟了 7 条遗嘱，并云："我也一个都不宽恕。"

作《女吊》等文。

与巴金、王统照、林语堂、周瘦鹃、茅盾、郭沫若、傅东华联名发表《文艺界同人为团结御侮与言论自由宣言》。表示"我们是文学者，因此亦主张全国文学界同人应不分新旧派别，为抗日救国而联合"。

致许寿裳信，委婉地表示不同意他"以佛法救中国"的主张。

致普实克信，表示同意其将自己的作品译成捷克文。

校完瞿秋白《海上述林》下卷。

10月　　收到日本印就的《海上述林》上卷，即分送诸友好及相关者，并托冯雪峰转送毛泽东、周恩来各1本。

到八仙桥青年会参观第二回全国木刻流动展览会，展上与林夫、陈烟桥、黄新波和曹白等青年木刻家就中国新兴木刻艺术进行了交流。

作《关于太炎先生二三事》，文中全面地概述了章太炎一生的功过。指出，他受人尊敬在于"他是有学问的革命家"，他的"业绩，留在革命史上的，实在比在学术史上还要大"。

作《绍介〈海上述林〉上卷》，文中称赞《海上述林》"作者既系大家，译者又是名手，信而且达，并世无两"，"足以益人，足以传世"。

看根据俄国普希金原作改编的电影《杜勃罗夫斯基》（又译《复仇遇艳》）。

作《曹靖华译〈苏联作家七人集〉序》。

作《因太炎先生而想起的二三事》，是他生前最后一篇文章，未完。

与胡风访日本友人鹿地亘、池田幸子夫妇，谈到《死》《女吊》和日本留学归国后在绍兴的一些生活情形，以及参观第二回全国木刻流动展览会的感想等。

19日晨5时25分病逝于上海山阴路大陆新村9号寓所。

编后

　　2021年3月《上海市第一批革命文物名录》公布，上海鲁迅纪念馆馆藏部分文物被收录到该名录中。为进一步开展相关文物的整理与研究工作，以上海鲁迅纪念馆保管部业务人员为主，其他部门业务人员参与，撰写了《上海鲁迅纪念馆藏文物提要》（100条）发表于《上海鲁迅研究·上海鲁迅纪念馆藏文物研究》（2021年）中。本书是该项工作进一步推进的阶段性成果。

　　提要这一文体由来已久，以《四库全书总目提要》为著名，至今所见提要基本限于书籍类，文物类甚少见，由博物馆编撰的涉及馆藏的提要有《揭阳博物馆藏书提要》（1988年）、《西安碑林博物馆藏碑刻总目提要》（2006年）、《北京石刻艺术博物馆藏石刻拓片编目提要》（2014年）、《苏州戏曲博物馆藏宝卷提要》（2018年）等。不过，作为本书所涉及馆藏文物全种类的提要的撰写，还是缺乏可直接参考的资料。

　　本提要的撰写由上海鲁迅纪念馆业务人员参与完成，尽管有前期的成果作为基础，本次撰写仍面临诸多挑战。对于撰写者来说，这既是对馆藏文物的再次认知的过程，也是以馆藏文物为主体的学习与研究过程。作为探索性的尝试，首先是按照馆藏文物的特点，本书将馆藏文物分为书刊、手迹、实物、照片等四类，相关遗址及年谱附录于后；其次是文物要素项目和提要内容范围厘定；最后确定将馆藏文物的最基本信息作为提要的主要内容，以使不同类型馆藏文物的提要保持相对统一、相对完整的、可以自洽文体的形态。

本书的最终目的是向社会公开馆藏文物信息，以促进文物合理适度利用，使文物保护成果更多惠及人民群众。因此，我们将依据读者反馈意见再作进一步商讨与调整，以求获得更为完善的馆藏文物提要编撰体例。我们相信，通过这本提要的编撰，能从"实物"的形态生动再现上海这座城市与鲁迅的关系，使读者更多地了解鲁迅在上海的工作与生活状况，了解他的平凡和伟大。

李　浩

2022年10月

图书在版编目(CIP)数据

鲁迅于上海：上海鲁迅纪念馆藏文物提要选 / 上海
鲁迅纪念馆编；郑亚主编. —上海：上海辞书出版社，
2022(2023.7 重印)
ISBN 978-7-5326-5996-8

Ⅰ.①鲁… Ⅱ.①上… ②郑… Ⅲ.①鲁迅博物馆-
文物-介绍-上海 Ⅳ.①G269.268②K873.51

中国版本图书馆 CIP 数据核字(2022)第 209083 号

鲁迅于上海——上海鲁迅纪念馆藏文物提要选

上海鲁迅纪念馆　编　郑亚　主编

策划统筹	朱志凌
责任编辑	朱志凌
技术编辑	楼微雯
整体设计	零贰壹肆设计工作室
图　　照	均由编者提供

出版发行	上海世纪出版集团 上海辞书出版社®(www.cishu.com.cn)
地　　址	上海市闵行区号景路 159 弄 B 座(邮政编码：201101)
印　　刷	浙江经纬印业股份有限公司
开　　本	889 毫米×1194 毫米　1/32
印　　张	8
字　　数	180 000
版　　次	2022 年 12 月第 1 版　2023 年 7 月第 2 次印刷
书　　号	ISBN 978-7-5326-5996-8/G·1128
定　　价	88.00 元

本书如有质量问题，请与承印厂联系。电话：0576-83170033